RÉPERTOIRE
DE LA CONDITION
MASCULINE

COLLECTIF HOMMES ET GARS

Sous la direction de Jean-Pierre Simoneau

RÉPERTOIRE
DE LA CONDITION
MASCULINE

ÉDITIONS
SAINT-MARTIN

Données de catalogue avant publication (Canada)

Vedette principale au titre
Répertoire de la condition masculine.
Bibliogr. : p.
ISBN 2-89035-151-3
1. Hommes, Services aux — Québec (Province) — Répertoires.
I. Collectif Hommes et Gars. II. Simoneau, Jean-Pierre.
HQ 1090.7.Q8R46 1988   305.3'1'025714   C88-096513-4

Maquette de la couverture: Stéphane Olivier

Dépôt légal: Bibliothèque nationale du Québec, 4e trimestre 1988.

Imprimé au Canada.

Notre catalogue vous sera expédié sur demande:
Les Éditions Saint-Martin
4316, boul. Saint-Laurent, bureau 300
Montréal (Québec)   H2W 1Z3
(514) 845-1695

REMERCIEMENTS

Le Collectif Hommes et Gars tient à remercier chaleureusement les personnes suivantes pour leur appui moral et leur collaboration professionnelle, matérielle et financière à la production du RÉPERTOIRE DE LA CONDITION MASCULINE.

Lyse Lachapelle, pour un remarquable travail d'entrée des données sur ordinateur. Ce fut un travail long et exigeant, qu'elle a accompli avec diligence et compétence.

La députée libérale fédérale d'Outremont, Lucie Pépin, et son attachée, Francine Saint-Amour, pour leur soutien constant.

Marc Chabot, pour la présentation du thème «Être homme», pour la plupart des références bibliographiques et discographiques et plus particulièrement pour ses judicieuses réflexions pratiques qui nous ont été très utiles.

Jocelyn Lindsay, pour la révision des références bibliographiques du thème «Paternité-famille».

Michel Dorais, pour la présentation du thème «Sexualité», pour la plupart des références bibliographiques du même thème et plus particulièrement pour son appui soutenu à la publication de ce répertoire.

Pierre Brisson, pour les références bibliographiques et pour la discographie commentée du thème «Santé et maladies-refuges».

Réjean Marier, pour les références bibliographiques sur le suicide dans le thème «Santé et maladies-refuges».

Les étudiants et étudiantes du département de service social de l'Université de Montréal et Gilles Rondeau, pour une partie importante des références bibliographiques du thème «Violence».

Le Service d'information sur l'audiovisuel FORMAT de l'Office national du film du Canada (ONF) qui a fourni la totalité des références filmographiques. Nous remercions aussi Jane Devine, bibliothécaire en audiovisuel à l'ONF, pour sa collaboration complice et ses qualités professionnelles.

Michel Montagne, de l'ONF, pour la classification par thème des références filmographiques.

La Fédération des CLSC du Québec et M. Wilkins pour nous avoir permis d'utiliser leur réseau d'information à l'échelle nationale.

Suicide-Action Montréal, pour un prêt de local depuis janvier 1988.

Serge Simoneau, pour sa solidarité complice tout au long de cette aventure et surtout pour avoir cru en ce projet.

LE COLLECTIF HOMMES ET GARS   Ω

Le Collectif Hommes et Gars (ou Collectif sur la condition masculine réflexion/action inc.) est un organisme sans but lucratif, voué à la promotion de la réflexion, de la formation et de l'action sur la condition masculine. C'est aussi un réseau de support et d'entraide qui offre divers services:

- Un service téléphonique d'information, de référence et d'écoute, du lundi au vendredi, de 10h00 à 16h00;

- Un centre de documentation bilingue possédant plus de 3 500 documents;

- Un réseau d'animateurs et de formateurs pour trois programmes:

  - «Vivre au masculin» (conscientisation à la condition masculine);

  - «Nouvelle approche auprès des futurs pères» (pré- et post-natal);

  - «Une opinion à part entière» (intervention auprès des jeunes de 12 à 17 ans);

- Un service de consultation et d'information juridique (séparation et divorce);

- Un service téléphonique pour la mise à jour du Répertoire de la condition masculine.

AVANT-PROPOS

Bientôt neuf ans déjà que je suis impliqué dans la réflexion et l'action sur la condition masculine. Je crois pouvoir retracer les motivations profondes de mon implication dans certaines insatisfactions qui me poursuivent depuis longtemps et dans le besoin fondamental d'affirmer ma joie d'être un homme.

Ce sont d'abord mes relations avec les femmes, à travers l'amour, l'intimité et la passion, qui m'ont amené à interroger mon identité masculine. Les revendications féministes, ainsi que celles des mouvements gais, ont remis en cause, à juste titre, plusieurs comportements et attitudes, ce qui a créé, et qui crée toujours, une certaine confusion chez les hommes qui y prêtent une oreille attentive. D'ailleurs, n'est-ce pas à l'exemple de ces mouvements que, depuis quelques années, des hommes se regroupent pour partager, sur la base de leur vécu masculin, leurs interrogations, leurs difficultés à être.

Et, parallèlement, ce sont aussi mes relations avec les hommes. Le type de rapport qu'entretiennent entre eux les hommes me laisse trop souvent triste. La contrainte à la rationalité, les rapports compétitifs et souvent trop sérieux, la répression face à l'expression des émotions me font sentir marginalisé, à l'étroit dans un rôle qui laisse à l'écart de grands pans de ce que je suis.

Un enjeu important de la réflexion et de l'action sur la condition masculine EST DE SE PERMETTRE DE RÉINVENTER ET DE S'APPROPRIER UN ESPACE ÉMOTIF dans une démarche individuelle mais aussi collective. Je crois toutefois que c'est d'abord (du moins pour quelque temps encore) dans le champ de la condition masculine, c'est-à-dire entre hommes, qu'il faut redéfinir et identifier, pour nous, notre propre identité, au fond, un peu comme les femmes l'ont fait. Mais encore faudra-t-il que, dans notre vie culturelle et politique, nous nous engagions à assumer ces nouvelles orientations, sinon cette démarche risque de ne pas pouvoir prendre réellement racine et de passer à côté de la possibilité de développer pour l'avenir des rapports plus égalitaires entre les femmes, les enfants et les hommes. J'ai espoir que cette démarche puisse mener à ce qu'un jour hommes et femmes puissent s'asseoir à la même table et repenser ensemble leurs rapports.

Comme beaucoup d'autres, mon propre cheminement est sinueux. Des passions amoureuses et exotiques, à travers lesquelles j'ai péniblement pris conscience de ma difficulté et de ma peur de m'impliquer au quotidien, m'ont d'abord amené à entamer une réflexion sur ma condition d'homme. C'était en 1979. Un stage de recherche-action m'a fait prendre contact avec le seul organisme qui existait à l'époque: le Collectif Hom-Info. Par la suite, j'ai réalisé plusieurs projets parallèles de sensibilisation et de promotion de la réflexion d'hommes sur la base de leur vécu masculin: tournée d'information et de discussions dans dix cégeps de la région de Montréal (1981), participation à un voyage parrainé par l'Office franco-québécois pour la jeunesse (rencontre avec divers auteurs et auteures et groupes intervenant sur ce sujet, dont la contraception masculine (1982), organisation de conférences de Christiane Olivier, un projet Été-Canada pour la mise sur pied d'un premier centre de documentation sur la condition masculine et une série de rencontres-échanges avec le public (1982).

Puis ce furent de nouvelles aventures, cette fois dans les îles. Je tombe follement amoureux d'une Argentine rencontrée sur un bateau dans le golfe du Mexique. Ce fut, pour moi, l'occasion de constater si mes diverses réflexions avaient apporté des changements concrets et réels dans mes attitudes et comportements face à l'amour. Allais-je, une fois de plus, fuir devant l'implication?

De 1981 à 1984, nous nous rencontrons à divers endroits (Mexique, New York, Montréal, San Francisco, Australie) et nous conjuguons l'amour à l'enseigne de l'exotisme. Puis, au moment ultime de l'engagement, nous reculons devant la peur de perdre la passion et toute l'intensité de notre relation amoureuse dans la grisaille appréhendée du quotidien.

De retour à Montréal, en avril 1984, et de nouveau entièrement disponible mais bouleversé, je me remets à l'action et je ressors mes boîtes du centre de documentation, mes notes personnelles. Il en sortira un nouveau projet pour la formation d'intervenants sur la condition masculine dans le cadre du programme de développement à l'emploi du Canada. Parallèlement, je m'implique dans l'organisation du premier Colloque sur la condition masculine «Intervention auprès des hommes» tenu en juin 1986 à l'UQAM et j'assume la coordination et la conception graphique des actes du colloque (disponibles à la Fédération des CLSC).

Le projet «Formation d'intervenants sur la condition masculine» débute donc en janvier 1987. Pendant 11 mois, le projet se déroule dans mon petit logement de 3 1/2 pièces, rue Saint-Urbain. Le Centre de documentation se poursuit et, devant l'éventail des ressources qui surgissent de partout, se concrétise l'idée, née plus tôt, d'un premier répertoire des ressources et des organismes sur la condition masculine. Du même souffle, l'équipe met sur pied trois programmes d'intervention: en paternité et en violence au CLSC d'Outremont, ainsi qu'un programme d'intervention auprès des jeunes à la Maison des jeunes d'Outremont.

De fil en aiguille, au terme du projet, nous obtenions une deuxième subvention qui nous permit de poursuivre sensiblement les mêmes objectifs, en ajoutant d'autres services, dont celui d'offrir les services de personnes ressources pour animer des groupes d'hommes sur la base des programmes «Vivre au masculin» et «Nouvelle approche auprès des futurs pères». Le Collectif se loge, pour l'occasion, dans des locaux plus appropriés, gracieusement prêtés par Suicide-Action Montréal.

Le second projet s'est terminé le 29 juillet 1988 et pour l'instant l'avenir est incertain, bien que plein de promesses et de projets.

En mai 1989, plusieurs membres du Collectif se rendront en France, dans le cadre d'un projet parrainé par l'OFQJ dans le but de produire un document audiovisuel sur la condition masculine qui se vit là-bas.

Vous avez devant les yeux le premier répertoire sur la condition masculine. Il s'agit en quelque sorte d'une partie du centre de documentation, amorcé en 1982, sous une forme plus accessible. Nous espérons que les informations que vous y trouverez vous permettront de trouver réponses à certaines de vos questions. Il s'agit d'une première expérience et nous sommes, bien sûr, très conscients que plusieurs lacunes se sont sans doutes glissées tout au long de cette aventure. Nous vous serions reconnaissants de nous signaler toute erreur ou omission en nous retournant la fiche prévue à cette fin à la fin du répertoire. Nous sommes bien entendu ouverts à toute suggestion permettant d'améliorer encore notre travail et nous tenons à remercier à l'avance tous ceux et celles qui nous feront parvenir leurs commentaires et suggestions.

Amitiés,

Jean-Pierre Simoneau

INTRODUCTION

Le répertoire sur la condition masculine est entre vos mains. Je ne sais ce qui, dans ce titre, a attiré puis retenu votre regard. Est-ce le mot condition? Est-ce le mot masculine? Peut-être est-ce l'association des deux termes que vous avez trouvée insolite? Vous l'avez feuilleté. Il vous a plu, vous l'avez acheté et vous voilà prêt à découvrir ce répertoire.

Vous y trouverez d'abord un répertoire des groupes, organismes et personnes ressources qui offrent des services à l'égard des divers aspects de la condition masculine. Ce bottin est organisé géographiquement afin de vous faciliter le repérage des ressources de votre région. En italique, vous trouverez des mots clés identifiant les principales sphères d'activité de chaque organisme ou individu. Le sigle Ω identifie les collaborateurs et les membres du Collectif Hommes et Gars.

La deuxième partie est constituée d'une médiagraphie thématique. Nous avons ajouté à la bibliographie une filmographie ainsi qu'une discographie sommaire puisque nous estimons qu'il s'agit d'outils privilégiés de sensibilisation. Si vous avez des ajouts à nous suggérer, n'hésitez pas à nous les faire connaître à l'aide de la fiche de commentaires et suggestions. Il faut noter que la filmographie est extraite de la base de données «FORMAT» exclusive à l'Office national du film et que tous les films décrits sont disponibles sur place. Les rubriques réfèrent donc à la classification de cette banque.

La petite histoire de la condition masculine au Québec aura bientôt 10 ans. Dix années de réflexions, de questionnements, d'actions diverses, (revues, colloque, interventions, groupes de réflexion, etc.), trop souvent isolées.

C'est d'une volonté de mettre un terme à cet isolement qu'est née l'idée d'un répertoire sur la condition masculine. Conscients de la multiplication rapide des pratiques dans ce vaste champ d'expérimentation sociale et individuelle, nous avons voulu contribuer à cette évolution en mettant au point un outil de regroupement, susceptible de favoriser les échanges et le partage d'expériences. Bien que la condition d'homme ne soit plus la préoccupation exclusive de quelques marginaux et bien qu'elle soit devenue une question de l'heure, l'homme qui s'interroge sur son vécu masculin se retrouve vite démuni lorsqu'il cherche le soutien nécessaire à la poursuite de sa démarche.

Le répertoire se veut donc un premier pas vers la création d'un réseau de support et d'entraide. Nous voudrions ainsi favoriser l'émergence de solidarités complices entre tous ceux qui s'interrogent et qui rêvent de redéfinir, pour eux-mêmes et pour nous tous, la réalité d'être homme au quotidien.

GROUPES, ORGANISMES ET PERSONNES RESSOURCES

ÎLE DE MONTRÉAL

Après-Coup
Violence
C.P. 270, Succ. A
Longueuil (Québec)
J4H 3X6
(514) 670-6884
Personnes-contact: Jean-Pierre Cyr et
Marie-Sophie Lamothe
Groupe pour hommes violents:
reconnaissance et cessation des
comportements violents;
responsabilisation face aux actes
violents; expression de l'émotion et
des sentiments; amélioration de la
communication avec autrui.

Bleton, Irène
Paternité et famille
4015, Ave. Grey
Montréal (Québec)
H4A 3N9
(514) 488-1574
Professeure en psychologie clinique,
cours et conférences sur le
développement affectif de l'enfant et
de l'adulte et en psychopathologie.
Intérêt: enfant-parent.
Psychothérapeute: intervention
individuelle et psychodrame, enfants et
adultes. Intéressée par l'intervention
brève lors de crise post-natale dans la
famille.

Brisson, Pierre   Ω
*Être homme - Paternité et famille -
Santé et maladies-refuges - Sexualité*
3456, rue Saint-André
Montréal (Québec)
H2L 3V3
(514) 526-1968
Chercheur pédagogue et intervenant
dans le champ de la condition
masculine depuis une dizaine d'années,
plus particulièrement au niveau de
certaines questions culturelles et
sociales concernant les hommes: le
vécu sexuel, la paternité, le
comportement alcoolique et
toxicomane, l'imaginaire masculin tel
que véhiculé à travers les pratiques
artistiques et les représentations mass-
médiatiques. Intérêt particulier pour
des projets de production permettant
d'articuler expérience et réflexion sur
ces questions (ouvrage collectif, revue,
vidéo, événement public, etc.).

peut être un candidat potentiel

C-Sam (Comité sida-aide Montréal)
Sexualité
C.P. 98, Dépôt N
Montréal (Québec)
H2X 3M2
(514) 282-9888
Personnes-contact: Lise Lanctôt,
directrice générale; Bill Ryan, Service
de soutien et de support
Éducation, information, services de
soutien visant les gens concernés par
le sida. Groupes d'entraide pour: les
gens atteints du sida, les familles et
amis des gens séropositifs.
Conférences et kiosques
d'informations.

Centre de prévention de Montréal
Être homme - Violence
1701, rue Parthenais
Montréal (Québec)
H2L 4L1
(514) 873-3482 poste 285
Personne-contact: Ronald Urbain
Clientèle ayant parfois des problèmes
avec leurs sentiments. Accusés de voie
de fait envers leur conjoint. Violence
physique et sexuelle dirigée vers les
femmes ou les enfants.

Centre de recherche C.H. Douglas
Être homme
6875, boul. Lasalle
Verdun (Québec)
H4H 1R3
(514) 761-6131 ou 2318
Personne-contact: Germain Dulac
Recherche sur la masculinité

peut-être ?

**Centre de ressources
de la troisième Avenue**
Être Homme
3609, boul. Saint-Laurent
Montréal (Québec)
H2X-2V5
(514) 849-3271
Production d'une brochure visant à
favoriser la discussion sur le sexisme
intitulée: «Des semences sexistes
produisent des récoltes sexistes».
Présente également une série de vidéos
sur le même thème.

CLSC du Plateau Mont-Royal
Violence
4689, avenue Papineau
Montréal (Québec)
H2H 1V4
(514) 521-7663
Personnes-contact: Clément
Guèvremont et Guylaine Beaudry
OPTION: une alternative à la violence
conjugale, service d'aide confidentiel
et gratuit pour les hommes qui désirent
changer de comportement. Pour
obtenir un rendez-vous, l'homme doit
communiquer personnellement avec
les animateurs.

CLSC La Presqu'Île
Paternité et famille
490, boul. Harwood
Vaudreuil (Québec)
J7V 7H4
(514) 455-6171
Personnes-contact: coordonnatrice:
Marie Gibeault; Louise-Hélène Séguin
Ginette Meloche
Animation pré- et post-natale auprès
de nouveaux couples de parents.
Rencontres de groupes en prévention
de situation de crises péri-natales.
Support aux jeunes familles.
Interventions individuelles.

CLSC La Presqu'Île
Violence
490, boul. Harwood
Vaudreuil (Québec)
J7V 7H4
(514) 455-6171
Personnes-contact: Denise Carrier,
Rudolf Rausch, Juergen Dankwort.
ENTRE-HOMMES: service d'aide aux
hommes ayant des problèmes de
colère, d'agressivité ou de violence
envers leur partenaire. Participation
volontaire. Les buts: maîtriser sa
violence, exprimer ses sentiments,
retrouver sa fierté, découvrir d'autres
solutions que la violence pour régler
ses problèmes.

Cœur-Atout
*Être homme - Paternité et famille -
Violence*
Casier postal 214, Succ.E
Montréal (Québec)
H2T 3A7
(514) 727-1924
Personnes-contact: Jacques Broué,
Clément Guèvremont
Groupe de réflexion et d'intervention
sur la condition masculine.

Collectif Hommes et Gars   Ω
*Être homme - Paternité et famille -
Santé et maladies-refuges - Sexualité -
Violence*
5648, rue Saint-Urbain
Montréal (Québec)
H2T 2X3
(514) 842-4959 ou 273-3959
Personnes-contact: Jean-Pierre
Simoneau, coord., Richard Duhaime,
Clément Vallières et Claude Langlois.
Service téléphonique d'information, de
référence et d'écoute; centre de
documentation, réseau de personnes
ressources pour animation, formation
et support à des groupes d'hommes
(«Vivre au masculin» et «Approche
auprès des futurs pères») et de jeunes
(«Une opinion à part entière»); service
d'information et de consultation
juridique (séparation, divorce); service
téléphonique pour la mise à jour du
Répertoire de la condition masculine.

Dorais, Michel
Sexualité
1161, boul. Henri-Bourassa Est
Montréal (Québec)
H2C 3K2
(514) 383-6370
Personne-contact: Michel Dorais
(travailleur social, CSSMM Centre
nord)
Spécialisé dans les problématiques
reliées à l'orientation sexuelle
(hétérosexualité, bisexualité,
homosexualité), à la prostitution des
jeunes et à l'abus sexuel. Approche
masculiniste.

Dulac, Germain
Être homme
Centre de recherche C.H. Douglas
6875, boul. Lasalle
Verdun (Québec)
H4H 1R3
(514) 761-6131 ou 2318
Recherche sur la masculinité

Family Violence Clinic
Violence
3506, rue Université, bureau 403
Montréal (Québec)
H3A 2A7
(514) 398-7070
Personne-contact: Judy McGill
Service d'aide auprès des hommes
violents.

Ω **Fédération des associations
de familles monoparentales
du Québec inc.**
Paternité et famille
890, boul. René-Lévesque Est,
bureau 2320
Montréal (Québec)
H2L 2L4
(514) 288-5224
Personne-contact: Madeleine Bouvier,
directrice générale
Regroupement d'associations de
familles monoparentales. Groupes de
solidarité et d'entraide.

Fédération des unions de famille
Paternité et famille
890, boul. René-Lévesque Est,
bureau 2320
Montréal (Québec)
H2L 2L4
(514) 288-5712
Personne-contact: Jacques Lizée,
secrétaire général.
Lieu d'expression, d'information, de
ressources. Promouvoir l'autonomie de
la famille et de chacun de ses
membres. Approche de nouveaux
partages entre les femmes et les
hommes.

Fondation de recherche sida inc.
Sexualité
C.P. 245, Place du Parc
Montréal (Québec)
H2W 2N8
(514) 289-9001
Personne-contact: Michel Roy
Accumuler des fonds qui seront
distribués à divers groupes de
recherche sur le sida à travers tout le
Canada.

Gai-Écoute
Être homme
C.P. 1006, Succ. C
Montréal (Québec)
H2L 4V2
(514) 521-1508
Service téléphonique offert aux
personnes (hommes ou femmes) en
difficulté psychologique ou morale en
rapport avec l'homosexualité;
renseignements sur les ressources et
activités de la communauté gaie.

Garneau, Michel
Santé et maladies-refuges
1069, rue Saint-Denis
Montréal (Québec)
H2X 3J3
(514) 288-6011
Formation - information-traitement sur
alcoolisme et toxicomanies auprès du
personnel de la Société des alcools du
Québec, compagnie composée de 80%
d'hommes. Programme d'aide au
personnel.

Girard, Pierre   Ω
Être homme
2033, rue Panet
Montréal (Québec)
H2L 3A4
(514) 525-4440
Animateur de groupes d'hommes pour
le programme «Vivre au masculin».

**Groupe de concertation pour
contrer la violence faite aux femmes**
Violence
1680, boul. Provencher
Brossard (Québec)
J4W 2Z7
(514) 465-4452
Personne-contact: Robert Beaudry
Sensibilisation, prévention auprès de la
population en général ou des
organismes concernés par cette
problématique. Réalisations: pochette
de presse (canevas), répertoire des
organismes ou ressources, programme
de traitement pour hommes violents.

Head & Hands Inc.
*Être homme - Paternité et famille -
Santé et maladies-refuges - Sexualité*
2304 A, avenue Old Orchard, P.O.
446, Station NDG
Montréal (Québec)
H4A 3P8
(514) 481-0277
Centre de santé communautaire et de
services sociaux. Accueil, information
et référence. Contraception.

**La coalition-regroupement des
minorités sexuelles de Montréal**
Être homme
C.P. 794, Succ. C
Montréal (Québec)
H2L 4L6
(514) 527-4458
Personne-contact: Jacques Maheux,
président
Fédération qui regroupe une vingtaine
d'associations sans but lucratif
représentant des minorités sexuelles,
d'une part, et d'autres associations
sans but lucratif manifestant leur
intérêt à l'égard desdites minorités.

L'association des pères gais de Montréal
Être homme - Paternité et famille
C.P. 5667, Succ. C
Montréal (Québec)
H2X 3N4
(514) 522-5931
Personne-contact: M. Beausoleil
Aider les pères gais à assumer leur orientation sexuelle et affective ainsi qu'à améliorer leur qualité de vie, principalement dans les rapports avec leurs enfants et leur environnement.

L'association des ressources intervenant auprès des hommes violents inc. (ARIHV)
Être homme - Violence
C.P. 34, Succ. Beaubien
Montréal (Québec)
H2G 3C8
(514) 279-4602
Personnes-contact: Claude Roy et François Hains
Association qui représente les intérêts de ses membres, des organismes communautaires sans but lucratif œuvrant prioritairement auprès des hommes violents en milieu conjugal.

L'entremise
Être homme - Santé et maladies-refuges
4465, boul. Lacordaire
Montréal (Québec)
H1M 2N9
(514) 259-3090
Personne-contact: Geneviève Fuccaro, coord.
Hébergement, suivi et intervention en situation de crise (pour adultes).

MLH (Mouvement de libération de l'homme)
Être homme - Paternité et famille
8635, boul. Lévesque
Saint-François, Laval (Québec)
H7A 1W7
(514) 665-1047
Personne-contact: Jean Bourque
Ateliers/échanges et conférences sur la libération de l'homme passant par l'autonomie dans le couple et dans la famille. Autonomie dans le quotidien menant à l'ouverture à l'autre. La paternité et son vécu.

Montagne, Michel   Ω
Être homme
Office national du film
C.P. 6100, Succ. A
Montréal (Québec)
H3C 3H5
(514) 283-9256
Agent d'information à l'ONF, personne-ressource sur les films canadiens concernant la condition masculine, travaille à un projet de mini-série sur la condition masculine.

Parents Anonymes du Québec inc.
Paternité et famille - Violence
C.P. 186, Succ. Place d'Armes
Montréal (Québec)
H2Y 3G7
(514) 288-5555 ou 1-800-361-5085 (sans frais)
Personne-contact: Jocelyn Paiement, directeur général
Centre d'écoute téléphonique pour parents en difficulté (service provincial sans frais); groupes d'entraide pour parents voulant prévenir des pertes de contrôle face à leurs enfants et améliorer leur qualité de vie familiale.

Pro-Gam inc.
Violence
7059 A, avenue Christophe-Colomb
Montréal (Québec)
H2S 2H4
(514) 270-8462
Personnes-contact: Claude Roy ou
Robert Philippe
Service d'aide aux hommes utilisant
ou ayant déjà utilisé la violence
verbale ou physique envers leur
partenaire. Intervention de groupe; aide
aux femmes dont le partenaire
participe au programme; formation de
personnes en intervention et recherche.

S.A.C. (Service d'aide aux conjoints)
Violence
C.P. 73, Succursale M
Montréal (Québec)
H1V 3L6
(514) 523-4346
Personne-contact: François Hains
Organisme communautaire sans but
lucratif qui offre un service
confidentiel de consultation pour les
hommes violents en milieu conjugal.

Service d'expertise psychosociale
Paternité et famille
1, rue Notre-Dame Est, bureau 12.91
Montréal (Québec)
H2Y 1B6
(514) 873-7535
Personnes-contact: Lorraine Filion,
coordonnatrice, et Michel Trozzo,
agent de liaison à l'accueil.
Évaluation complète et impartiale de la
situation familiale et sociale de
l'enfant dont la garde ou les droits de
visite et de sortie sont objets de litige
entre les parents.

**Service de l'indemnisation des
victimes d'actes criminels (IVAC)**
Santé et maladies-refuges
1199, rue Bleury, 11ᵉ étage
Montréal (Québec)
H3C 4E1
(514) 873-6019
Personne-contact: Rolande Couture
Administration de la loi: indemnisation
pour incapacité temporaire; rente à vie
en fonction des séquelles permanentes;
assistance médicale; programme
favorisant la réadaptation sociale

Service de médiation à la famille
Paternité et famille
1, rue Notre-Dame Est, bureau 12.91
Montréal (Québec)
H2Y 1B6
(514) 873-5868
Personnes-contact: Lorraine Filion,
coordonnatrice, et Michel Trozzo,
agent de liaison à l'accueil
Service de médiation lors d'une
séparation ou d'un divorce.

Simoneau, Jean-Pierre   Ω
Être homme - Sexualité
5648, rue Saint-Urbain
Montréal (Québec)
H2T 2X3
(514) 273-3959
Coordonnateur du Collectif Hommes
et Gars; concepteur de divers projets
sur la condition masculine; animateur
et formateur du programme «Une
opinion à part entière» (intervention
jeunes); recherche, animation,
formation et support à des groupes
d'hommes; travaille à une production
audiovisuelle sur la condition
masculine.

Suicide-Action Montréal inc. Ω
Santé et maladies-refuges
C.P. 400, succ. De Lorimier
Montréal (Québec)
H2W 2N7
(514) 522-5777
Personne-contact: Réjean Marier Ω
Offre des services d'intervention en
situation de crise pour les personnes
suicidaires et leurs proches.
Prévention, modification des attitudes
et des comportements des individus et
organismes face au suicide. Formation-
recherche-information.

Vallières, Clément Ω
Être homme - Sexualité
6527, rue Molson
Montréal (Québec)
H1Y 3C4
(514) 728-8720
Permanent au Collectif Hommes et
Gars, intervention, animation, écoute
auprès des hommes, animateur et
formateur du programme «Une opinion
à part entière» (intervention jeunes),
touchant les thèmes spécifiques à la
condition masculine.

Accueil collectif des conjoints en relation oppressante et colérique (ACCROC)
Violence
430, rue Labelle
Saint-Jérôme (Québec)
J7Z 5L3
(514) 431-2221
Personne-contact: Benoît Ray.

Aubé, Michel Ω
Être homme
324, boul. de l'Estrie
Granby (Québec)
J2G 8C7
(514) 375-4274
Co-concepteur et animateur du programme «Vivre au masculin», animation de groupes d'hommes, formation de formateurs et conférencier.

Auberge Sous mon toit
Être homme
317, rue Chapais
Granby (Québec)
J2G 7E7
(514) 375-4269
Personne-contact: Benoît Houle, directeur-adjoint
Centre d'hébergement pour jeunes hommes (18 à 30 ans). Centre de réinsertion sociale pour ex-détenus en libération conditionnelle. Service de dépannage pour quelques jours. Buts: donner un soutien moral à ceux qui en ont le plus besoin.

Bergeron, François
Être homme
Boul. Provincial
Saint-Prosper, Beauce Sud (Québec)
(418) 594-8282/267-5196
Organisation communautaire.
Intervention auprès de groupes d'hommes.

Centre pour Hommes Opprimants et colériques (C.H.O.C.)
Violence
3787, boul. Lévesque Ouest
Chomedey, Laval (Québec)
H7V 1G5
(514) 681-6335
Groupe de traitement pour les hommes usant de violence (sous toutes ses formes) envers leur conjointe.
Objectifs recherchés: changement du comportement (arrêt du comportement violent), responsabilisation, communication, conscientisation.

Chabot, Marc Ω
Être homme - Paternité et famille - Sexualité
1881, avenue Lortie
Beauport (Québec)
G1E 3X2
(418) 663-3990
Auteur de «Des hommes et de l'intimité», «Lettres sur l'amour», «Chroniques masculines», écriture, cours, animation et conférences.

Chapleau, Jean Ω
Être homme - Paternité et famille
558, rue Bran
Saint-Jérôme (Québec)
J7Z 2C9
(514) 432-5363
Animation en périnatalité dans le cadre du programme «Nouvelle approche auprès des futurs pères». Animation de groupes de rencontres pour hommes dans le cadre du programme «Vivre au masculin».

CLSC Arthur-Buies
Paternité et famille - Violence
430, rue Labelle
Saint-Jérôme (Québec)
J7Z 5L3
(514) 431-2221
Personnes-contact: Ritha Cossette ou Benoit Roy
Groupe pour hommes violents avec leur conjointe et leurs enfants; groupes de discussion et d'échanges pour pères avant et après la naissance d'un enfant.

CLSC de l'Aquilon
Violence
77, avenue Masse
Baie-Comeau (Québec)
G4Z 1N1
(418) 296-9112
Personnes-contact: Andrée Ménard ou J.-P. Béliveau
Recherche-action sur l'intervention auprès des hommes violents.
Développer une connaissance de la problématique de l'homme violent et diffuser les résultats auprès des intervenants locaux. Élaborer un programme d'intervention spécifique à la problématique.

CLSC de la Rivière Désert
Être homme - Violence
144, rue Principale Sud
Maniwaki (Québec)
J9E 1Z6
(819) 449-2513
Personne-contact: Michel Lapointe
Services psychosociaux aux individus ayant des difficultés personnelles ou relationnelles. Consultation psychosociale auprès des hommes ayant posé des gestes de violence dans leur famille. Intervention de groupe auprès des hommes abuseurs.

CLSC de Sainte-Thérèse
Paternité et famille - Violence
55, rue Saint-Joseph
Sainte-Thérèse (Québec)
J7E 4Y5
(514) 430-4553
Personne-contact: Pierre Bélanger, coordonnateur services sociaux courants
Service auprès des hommes violents: (Jacques Cantin) service individuel aux hommes violents, service aux conjoints des victimes, information et prévention auprès des jeunes. Intervention auprès des pères: (Guy Jarry) série de 4 rencontres «Comment augmenter sa confiance dans ses habilités paternelles».

CLSC des Draveurs
Paternité et famille
80, avenue Gatineau
Gatineau (Québec)
J8T 4J3
(819) 561-2550
Personne-contact: Thérèse Couturier
Séparation et divorce «Si on en parlait entre hommes». Cours offert par le collège de l'Outaouais, Service de l'éducation aux adultes, avec la collaboration du CLSC des Draveurs.

CLSC des Prés Bleus
Violence
1228, boul. Sacré-Cœur
Saint-Félicien (Québec)
G8K 2P8
(418) 679-5270 poste 165
Personne-contact: Sylvie Morin
Développe actuellement une recherche pour mettre sur pied un service d'intervention auprès des hommes violents.

CLSC La Chaumière
Être homme
601, boul. Simoneau
Asbestos (Québec)
J1T 4G7
(819) 879-7181
Personne-contact: Jean-Guy Nadeau
Consultation individuelle ou de groupe pour hommes en difficulté.

CLSC La Pommeraie
Violence
455, rue Yamaska Est
Famham (Québec)
J2N 1J2
(514) 534-2548
Personne-contact: Louis Lacasse
VIRAGE: thérapie individuelle et de groupe pour hommes utilisant la violence dans leur milieu conjugal.

CLSC Lamater
Être homme - Paternité et famille
4625, boul. des Seigneurs
Saint-Louis de Terrebonne (Québec)
J0N 1N0
(514) 471-2881
Personnes-contact: Michel Bergeron ou Hervé Bossé
Services psychosociaux et de santé pour tous les groupes d'âge.
Programme en condition masculine en élaboration. Possibilités d'organiser des groupes spécifiques pour les hommes. Rencontre avec les pères d'enfants de 0-5 ans en vue de les impliquer davantage dans l'éducation des enfants. Rencontres avec les hommes handicapés en vue de les aider à mieux accepter leur handicap.

CLSC Lotbinière Ouest
Santé et maladies-refuges
216, rue Principale
Fortierville (Québec)
G0S 1J0
(819) 287-4442
Personne-contact: Roger Fecteau
Réalisation d'une étude qualitative sur
l'intégration sociale, la conduite
alimentaire et l'état de santé des
hommes âgés qui vivent seuls dans le
territoire du CLSC Lotbinière Ouest.
Application de l'approche réseau et
premiers éléments d'une
programmation (auteur de l'étude: Luc
Bergeron).

CLSC Norman-Bethune
Être homme - Paternité et famille
1665, rue Du Couvent
Chomedey, Laval (Québec)
H7W 3A8
(514) 687-5690
Personne-contact: France Bouchard
(travailleuse sociale)
Thérapie individuelle et de couple.

CLSC Suzor-Côté
Paternité et famille
55, rue Monfette
Victoriaville (Québec)
G0P 1B0
(819) 758-7281
Personne-contact: Guy Huard
Consultation conjugale.

D'Hommes à Hommes
Violence
163, rue Pie IX
Thetford Mines (Québec)
G6G 3N3
(418) 427-2015
Personne-contact: Pierre d'Ostie
Service d'aide auprès des hommes
violents.

D.S.C. Honoré-Mercier
Paternité et famille
2750, boul. Laframboise
Saint-Hyacinthe (Québec)
J2S 4Y8
(514) 773-5801
Personne-contact: Gilles Forget
Animation de rencontres prénatales
avec les hommes sur différents thèmes
se rapportant à la paternité.

**G.A.P.I. (Groupe d'aide aux
personnes impulsives)**
Violence
1278, boul. Saint-Cyrille Ouest
Québec (Québec)
G1S 1W2
(418) 683-4427
Personne-contact: Voir
L'AUTONHOMMIE
Service de rencontres individuelles et
de groupe pour mettre fin à des
comportements violents. Offrir des
moyens concrets pour les maîtriser,
apprendre à exprimer les émotions
autrement que par la violence. Briser
l'isolement et vivre des relations plus
égalitaires avec les femmes.

Gourgues, Jules H.
Être homme - Violence
324, rue Principale
Saint-Étienne, comté Lévis (Québec)
G0S 2L0
(418) 831-1796
Membre et co-fondateur de
l'Autonhommie (centre de ressources
sur la condition masculine de Québec).
Auteur, co-concepteur et
coordonnateur de l'implantation du
projet d'intervention auprès des
hommes violents.

Groupe Au Masculin
Être homme
54, rue Sainte-Thérèse
Hull (Québec)
J9A 1X8
(819) 771-1921
Personne-contact: Henri-Paul Veilleux
Groupe de sensibilisation aux
conditions de vie des hommes et
apprentissage des éléments de base
d'animation de groupes d'hommes.
Exploration des services destinés
spécifiquement aux hommes dans la
région de l'Outaouais.

Groupe d'hommes de Louisbourg
Être homme
8, rue Louisbourg
Aylmer (Québec)
J9H 2N1
(819) 684-8763
Personne-contact: Normand Breton
Groupe de partage et de croissance
personnelle selon le modèle du
«Ottawa-Hull New Men's Forum».

**Groupe de concertation pour
contrer la violence faite aux femmes**
Violence
1680, boul. Provencher
Brossard (Québec)
J4W 2Z7
(514) 465-4452
Personne-contact: Robert Beaudry
Activités de sensibilisation, de
prévention auprès de la population en
général ou des organismes concernés
par cette problématique. Réalisations:
pochette de presse (canevas), répertoire
des organismes ou ressources,
programme de traitement pour
hommes violents.

Halte Bois Francs
Violence
59, rue Monfette, local 224
Victoriaville (Québec)
G6P 1J8
(819) 758-2857
Personne-contact: Louis Provost,
président
Violence conjugale et familiale,
prévention et traitement auprès de la
population masculine. Territoire:
CLSC Suzor-Côté, de l'Érable,
Lotbinière Ouest et La Chaumière.
Thérapie de groupe:12 rencontres de 3
heures.

L'Antre-Temps
Être homme - Paternité et famille
435, rue Dandurand
Longueuil (Québec)
J4L 2S5
(514) 674-9236
Personne-contact: Marie Paquet
Hébergement-dépannage pour jeunes
en difficulté (16-25 ans). Information
et référence, orientation et suivi dans
la recherche d'emploi et de logement.

L'Autonhommie
*Être homme - Paternité et famille -
Santé et maladies-refuges - Sexualité -
Violence*
1084, 2ᵉ avenue
Québec (Québec)
G1L 3C3
(418) 648-6480
Personne-contact: Guy Chicoine
Atténuer les stéréotypes sexistes.
Repenser d'autres formes de relations
avec les hommes, les femmes et les
enfants. Favoriser l'éclosion d'activités
pour le mieux-être des hommes.
Mettre sur pied des ressources
destinées à aider les hommes dans leur
action et leur cheminement. Centre de
ressources sur la condition masculine.

La Gang de gars
Être homme
46, rue Wilson
Rimouski (Québec)
G5L 6S6
(418) 722-8889
Personne-contact: Michel Rousseau
Groupe de six hommes qui se
rencontrent une fois par mois.
Activités, échanges, support. Sans
animation et aucun thème prévu à
l'avance.

Langlois, Claude Ω
Être homme - Paternité et famille
483, 17ᵉ Avenue Nord
Saint-Antoine-des-Laurentides
(Québec)
J7Z 4H4
(514) 436-6189
Animation en périnatalité dans le cadre
du programme «Nouvelle approche
auprès des futurs pères». Animation de
groupes de rencontres pour hommes
dans le cadre du programme «Vivre au
masculin».

Le Toullec, Pierre
*Être homme - Santé et maladies-
refuges*
558 rue Notre-Dame, bureau 204
Saint-Lambert (Québec)
J4P 2K7
(514) 671-0159
Groupes de relaxation pour hommes.
Objectifs: permettre de faire face au
stress dû aux responsabilités. Amener
l'expression des émotions liées à ce
stress.

Lindsay, Jocelyn Ω
Être homme - Paternité et famille
839, rue du Coteau
Sainte-Foy (Québec)
G1X 2P1
(418) 659-5986
Recherche (modification des attitudes
à l'égard des rôles de l'homme).
Intervention (cours prénatals à
l'intention des futurs pères).
Supervision de travaux d'étudiants sur
le thème de la condition masculine.
Collaboration à des expériences
d'intervention à Québec.

Maison d'hébergement pour personnes en difficulté de Granby inc. «Le Transit»
Être homme - Santé et maladies-refuges
10, boul. Pie IX
Granby (Québec)
J2G 5Y4
(514) 375-6457
Personne-contact: Gilles Lapointe, directeur général
Dépannage et réinsertion sociale pour hommes en difficulté. Dépannage: durée 10 jours. Réinsertion sociale: durée 2 mois comme résident et 2 mois supplémentaires en suivi externe. Clientèle: itinérants, ex-psychiatrisés, alcooliques, toxicomanies, dépressifs, suicidaires, etc.

Maison de dépannage pour hommes en difficulté de Valleyfield
Être homme
122, rue du Marché
Valleyfield (Québec)
J6T 1P9
(514) 371-9617
Personne-contact: Émile Duhamel
Accueil et hébergement pour les hommes en besoin de dépannage. Aide et assistance en cas de: sinistre, conflits familiaux, fugues, éviction de logement, errance, solitude, itinérants.

Maison Vivre
Être homme - Santé et maladies-refuges
1807, rue Duke
Saint-Hubert (Québec)
J4T 2A5
(514) 465-0264
Personnes-contact: Paul-André Boulianne ou Chantal Dussault
Personnes dépressives (hommes ou femmes). Thérapie, santé corporelle, créativité. Thérapie de groupe gestalt. Entrevue individuelle.

Millaire, Donald Ω
Être homme
14, rang 30
Saint-Louis de Gonzague (Québec)
V0S 1T0
(514) 371-3899 ou 691-5138
Co-concepteur et animateur du programme «Vivre au masculin», formation de formateurs, relation d'aide, conférencier, sensibilisation de personnes et de groupes.

Pilon, Pierre
Être homme
174, rue Saint-René
Rimouski (Québec)
G5L 4V2
(418) 724-6901 (dom.)
ou (418) 724-7204 (Bur.)
Collectif sur la condition d'hommes. Rencontres mensuelles sur différents thèmes.

Poing Final
Violence
CLSC Haute-Yamaska
294, rue Déragon
Granby (Québec)
J2G 5J5
(514) 375-1442
Personne-contact: Claude Leblond
Groupes de thérapie pour hommes violents avec leur conjointe. Information et sensibilisation dans le milieu à la problématique de la violence conjugale.

Psycho ressources des Bois Francs
Être homme - Violence
14, rue Laurier Ouest
Arthabaska (Québec)
G6P 6P3
(819) 357-8126
Personne-contact: Yvon Roy
Thérapie individuelle et de groupe pour hommes; groupes d'hommes violents physiquement et verbalement. Objectif: arrêt de ces comportements.

Racine, Pierre
Être homme
1263, de Repentigny
Québec (Québec)
G1S 1Y2
(418) 687-3805
Fondation, organisation et animation à l'Autonhommie. Consultation individuelle pour difficultés psychologiques. Formation et supervision pour groupes.

CANADA

Anger Management Program
Violence
The Pastoral Institute
240, 15th Avenue S. W.
Calgary (Alberta)
T2R 0P7
(403) 265-4980
Personnes-contact: Dr. Arleigh S.
Porte ou Mr. Norm Murray
Programme s'adressant aux hommes
batteurs. Le but est de mettre un terme
à l'abus physique, sexuel et
psychologique en confrontant les
croyances, les valeurs et les attitudes
qui favorisent la violence. Une
attention est aussi portée au stress et à
sa gestion, à la communication et aux
habiletés de résolution de problèmes.

Changing Way's (London) Inc.
Violence
149, King St., suite 2
London (Ontario)
N6A 1C3
(519) 438-9869
Personne-contact: Robert Gough
Groupes d'aide pour hommes qui
vivent de la violence dans leurs
relations avec les femmes. Approche
psycho-éducative pour aider ces
hommes à trouver d'autres alternatives
à la violence. Attention portée aux
rôles masculins et féminins.

Evolve Counselling Program
Violence
207-83, Sherbrooke St.
Winnipeg (Manitoba)
R3C 2B2
(204) 788-4402
Personne-contact: Bruce Wood,
Counsellor
Programme proféministe pour
consultation et aide aux hommes qui
abusent de leur partenaire.
Consultation individuelle et démarche
de groupe. Programme de formation
aussi disponible.

Family Counselling Center
Violence
65, Jubilee East
Timmins (Ontario)
P4N 5W4
(705) 267-7333
Personne-contact: Gilles Landry, M.A.
Groupe d'hommes qui utilisent la
violence au sein de leur famille.
Sensibilisation à leur responsabilité,
apprentissage d'alternatives, prise de
conscience des rôles imposés aux
hommes et aux femmes par la société.

Glebe New Men's Group
Être homme
32, Morris St.
Ottawa (Ontario)
K1S 4A7
(613) 223-7376
Personne-contact: Ken Fisher
Groupe d'hommes préoccupés
d'égalité, d'amitié et de
conscientisation à l'égard des
stéréotypes sexuels.

Klinic Inc.
Être homme - Santé et maladies-
refuges - Sexualité - Violence
545, Broadway Avenue
Winnipeg (Manitoba)
R3C 0W3
(204) 786-6943
Personne-contact: Ron Finch
Centre de santé communautaire
travaillant sur: l'inégalité dans les
relations entre les hommes et les
femmes; intervention individuelle ou
de groupe sur des thèmes comme les
relations entre hommes et entre
hommes et femmes. Démarche
personnelle et violence envers son
conjoint; service médical portant
attention à la santé et aux méthodes de
reproduction.

Men's Action Collective Against
Sexism
Être homme
789, Sherburn St.
Winnipeg (Manitoba)
R3G 2L3
(204) 774-0750
Personne-contact: Bruce Wood,
Collective Member
Information et sensibilisation de la
population sur le thème du sexisme.

Men's project operated by living
without violence Inc.
Être homme - Violence
P.O. Box 575
Eganville (Ontario)
K0J 1T0
(613) 628-2523
Personne-contact: Oscar Bearinger
Programme de thérapie de groupe pour
hommes qui utilisent la violence
envers les femmes; information et
sensibilisation de la population sur la
colère et le stress vécu, les stéréotypes,
les rôles, le sexisme.

North Shore Family Services Society
Paternité et famille - Violence
#303- 126, East 15th Street
North Vancouver (British-Columbia)
V7L 2P9
(604) 988-5281
Personnes-contact: David McSherry ou
Joan Akers

Option: Counseling for men
Violence
386, rue Saint-George
Moncton (Nouveau-Brunswick)
E1C 1X2
(506) 857-3258
Personne-contact : Bernard Léger
Service de consultation (individuel et groupe) aux hommes batteurs, dans la région du sud-est du Nouveau-Brunswick.

Ottawa-Hull Men's Forum
Être homme
178 A, Second Avenue.
Ottawa (Ontario)
(613) 234-8779
Personne-contact: Rod Watson
Rencontres hebdomadaires d'hommes anglophones et francophones. Lieu privilégié pour hommes qui entreprennent une démarche de support, de découverte de soi et d'amitié. Ces rencontres comportent une heure d'échanges et une heure thématique comprenant des exercices. Ce groupe a été le catalyseur de quatre autres groupes-hommes.

Portage La Prairie Men's Spousal Abuse Group
Violence
25, Tupper St. North
Portage La Prairie (Manitoba)
R1N 3K1
(204) 857-9711
Personne-contact: Joanne McFee
Service de consultation pour hommes utilisant la violence. Aide pour découvrir d'autres alternatives afin d'apprendre à canaliser leur agressivité.

Project New Start
Violence
Veith House
3115 Veith St.
Halifax (Nouvelle-Écosse)
B3K 3G9
(902) 453-4320
Personne-contact: Ken Bélanger
Thérapie individuelle et de groupe pour hommes ayant recours à la violence physique et émotionnelle envers leur partenaire; support aux femmes dont le conjoint suit le programme.

Reberg, Douglas
Violence
Huron-Perth Centre
for Children and Youth
10, Downie St.
Stratford (Ontario)
N5A 1E1
(519) 273-3373
Groupe et programme pour hommes qui utilisent la violence dans leur famille.

SEICAN (sex info + education council of Canada)
Sexualité
326, Gainsborough Road
Toronto (Ontario)
M4L 3C6
(416) 466-5304
Personne-contact: Dr. Barry J. Martin, Chairperson
Publication de revues et bulletins sur la sexualité humaine en général, occasionnellement des articles sur la sexualité masculine.

Société contre la violence familiale
Violence
a/s Santé Mentale Territoires du
Nord-Ouest
5005, 51st Street
Yellowknife (Yukon)
X1A 2P1
(403) 873-5386
Organisme bénévole de Yellowknife
qui se consacre à l'éducation du public
et à la promotion de la lutte contre la
violence familiale, services de
counselling, de traduction de
documents sur la violence familiale (de
l'anglais à l'inuttitut). Cet organisme a
pour objectif d'informer la population
de l'Arctique ouest.

ÉTATS-UNIS

Achtenberg, Ben (Fanlight Productions)
Paternité et famille - Santé et maladies-refuges
47 Halifax Street
Boston, MA 02130
 United States
(617) 524-0980
Les productions «Fanlight» distribuent des films éducatifs sur plusieurs sujets reliés à la santé, la famille et aux questions sociales. À titre d'exemple: un film intitulé «New Relation», un film à propos des pères et des fils par Ben Achtenberg, explore les coûts et bénéfices émotionnels rattachés à la paternité.

Bliss, Shepherd
Être homme
P.O. Box 1133
Berkeley, CA 94701
United States
(415) 549-1938
Accompagnateur de groupes d'hommes (rencontre hebdomadaire). Professeur de sciences humaines à l'université JFK. Publication du calendrier des événements concernant la condition masculine. Coéditeur de la revue «The Men Studies Review». Anime des ateliers aux États-Unis.

Chicago Men's Gathering
Être homme
P.O. Box 11076
Chicago, Ill 60611
United States
(312) 649-0730
Personne-contact: A.L. Smith
Organisme à but non lucratif offrant diverses activités de rencontres pour hommes. Publie également un bulletin d'information.

Emerge (A men's counseling service on domestic violence)
Violence
280 Green Street
Cambridge, MA 02139
United States
(617) 547-9870
Personne-contact: David Adams
Service de consultation pour hommes violents. Formation auprès des corps policiers, du système judiciaire et autres intervenants. Éducation populaire sur les femmes violentées et production d'un bulletin d'information.

Femiano, Sam
Être homme
22 East Street
Northampton, MA 01060
United States
(413) 584-8903
Membre de Men's Studies Association. Édition de Men's Studies Review (4 fois l'an). Rencontre annuelle à la conférence Men and Masculinity (textes et échanges thématiques). Men's studies (environ 30 cours).

Ithaca Men's Network
Être homme - Santé et maladies-
refuges - Violence
P.O. Box 6711
Ithaca, NY 14851
United States
(607) 272-8587
Personnes-contact: John Simon et
Marc Maier
Parrainage de groupes de support pour
hommes. Retraite de fin de semaine
annuelle pour les hommes (octobre).
Groupe de support pour ligue Anti-viol
«Take back the night». Marche
organisée annuellement en avril.
Forums organisés sur la condition
masculine, affirmation gaie, thèmes
pro-féministes, libération des hommes.

Julty, Sam
Être homme
M/R Magazine
2600 Dwight Way
Beverley, CA 94704
United States
(415) 549-0537
Rédacteur en chef d'une revue
d'information sur la condition
masculine (M/R). Professeur en étude
de l'homme. Conférencier,
problématique masculine. Écrivain-
éditeur sur la condition masculine.

Men's Resource Hotline (MAS
Medium and Company)
Être homme
P.O. Box 882
San Anselmo, CA 94960-0882
(415) 453-2839
Personne-contact: Gordon Clay
Offre un service téléphonique, 24h sur
24h, sur l'ensemble des activités,
groupes et services touchant la
condition masculine.

Men's Right Inc. (MR. Inc.)
Être homme - Paternité famille - Santé
et maladies-refuges
P.O. Box 163180
Sacramento, CA 95816
United States
(916) 484-7333
Personne-contact: Frederic Hayward
Corporation à but non lucratif.
Sensibilisation aux problèmes de
sexisme et à tout ce qui concerne les
hommes (divorce - système militaire -
santé).

National Organization for Changing
Men (NOCM)
Être homme
P.O. Box 451
Watseka, Ill 60970
United States
(815) 432-3010
Personne-contact: Harry Brud
(213) 398-3557
Un réseau de personnes ressources et
de support pour hommes préoccupés
de condition masculine, ayant pour
objectifs des changements positifs dans
les rôles masculins et dans les relations
avec les femmes, les enfants et les
autres hommes.

40

New Directions for Men
Être homme
P.O. Box 510
Back Bay Anney, Boston, MA 02117
United States
(617) 421-9722
Personnes-contact: David Adams,
Denis Balcom, Joseph Doherty,
Isidore Penn
Organisme offrant des services de
counselling individuel et de groupe sur
les thèmes suivants: les relations père-
fils, la sexualité, le travail et le
domaine des émotions.

**RAVEN (Rape and Violence
End Now)**
Violence
P.O. Box 24159
St. Louis, MO 63130
United States
Offre des services de counselling
auprès d'hommes violents. Publie
également un répertoire «The Ending
Men's Violence National Referal
Directory».

RIP-TITAN Inc.
Paternité et famille - Violence
4100 U.S. Hwy 19N, T207
Palm Harbor, FL 34683
United States
Personne-ressource : Charles D.
Jamieson, esq.
Aide aux victimes de fausses
allégations de violence physique ou
sexuelle dans des causes de divorce ou
autres situations de conflits.

The Fathers' Network
Paternité et famille
P.O. Box 882B
San Anselmo, CA 94960-0882
United States
(415) 453-2839
Personne-contact: Gordon Clay
Organisme offrant trois activités de
groupe pour hommes sur le thème de
la paternité.

**The Men's Center (for Counselling
and Psychotherapy)**
Être homme
2925 Shattuck avenue
Berkeley, CA 94705
United States
(415) 644-8262, 644-1778
Services de counselling individuel ou
de groupe sur des questions telles que
l'identité masculine, l'amitié entre
hommes, les changements de rôles,
etc. Offre également des services pour
les couples et les familles.

The Men's Experience
Être homme - Violence
1384 Fairview Rd, N.E.
Atlanta, GA 30307
United States
(404) 525-6761
Personne-contact: Perry Treadwell
Groupes de support pour hommes qui
font une réflexion dans la foulée du
mouvement féministe. Groupe de
discussion tous les 1er et 3e dimanches
à 19h30 à l'adresse ci-haut. Groupe de
support pour hommes qui utilisent la
violence dans leur famille.

ÊTRE HOMME

PRÉSENTATION

Probablement qu'on ne répondra jamais exactement à la question: qu'est-ce qu'un homme? Une seule réponse ne suffit pas, une seule réponse, on le sait maintenant, peut contribuer à aliéner encore davantage les hommes.

C'est pourquoi cette section **ÊTRE HOMME** n'a pas la prétention de dire ce qu'est un homme. Elle permet tout simplement à son utilisateur de dégager quelques grandes lignes pour orienter une réflexion sur la condition masculine.

Comment se dégager d'un modèle d'homme unique? Pourquoi la rationalité continue-t-elle d'écraser toutes les autres possibilités masculines? Où et quand peut-on dire qu'il y a aliénation masculine? Peut-on dresser un portrait des plus récentes interrogations sur la condition masculine? Peut-on être homme et vivre sa masculinité sans nécessairement partir en guerre contre les femmes? En quoi les femmes ont-elles contribué à notre mise en question? Le nouvel homme est-il un modèle plus contraignant que l'ancien?

Cette section **ÊTRE HOMME** ne prétend pas répondre à toutes ces questions, mais elle peut contribuer à effectuer un premier déblayage sur la condition masculine.

Marc Chabot

BIBLIOGRAPHIE

ALBERONI, Francesco, *Le choc amoureux*, Éditions Ramsay, Paris, 1980.

ALLAN, G.A., *A Sociology of Friendship and Kindship*, G. Allan & Unwin, Londres, 1979.

ARCAND, Denis, *Le déclin de l'empire américain*, Boréal, Montréal, 1986.

ASTRACHAM, Anthony, *How Men Feel*, William Morrow Inc., New York, 1984.

AUGUST, Eugene R., *Men's Studies: A Selected and Annotated Interdisciplinary Bibliography,* Librairies Unlimited, New York, 1985.

BACHOFEN, Johann Jakob, *Du règne de la mère au patriarcat*, Éditions de l'AIRE, Suisse, 1980

BADINTER, Elisabeth, *L'un est l'autre*, Éditions Odile Jacob, Paris, 1986.

BAHR, Robert, *The Virility Factor: Masculinity through Testosterone, the Male Sex Hormone,* G.P. Putnam's Sons, New York, 1976.

BARBACH, Lonnie, LEVINE, Linda, *The Intimate Male: Candid discussion About Women, Sex, and Relationships,* Anchor Press, New York, 1983.

BAZIN, Michèle, *La pomme d'Ève, Un document sur les relations hommes-femmes*, inédit, Ottawa, 1982.

BELL, Donald H., *Being a man: the Paradox of Masculinity*, The Lewis Publishing Co., Bratterleboro, 1982.

BIGRAS, Julien, *Les images de la mère*, Hachette, Paris, 1971.

BLITCHINGTON, Peter and Evelyn, *Understanding the Male Ego*, Thomas Nelson Publ., New York, 1984.

BOUTON, Jim, *Ball Four, Plus Ball Five*, Stein & Day, New York, 1981.

BRAIN, Robert, *Amis et amants*, Éditions Stock, Paris, 1980.

BRENTON, Myron, *The American Male*, Conward-McCann (Fawcett Book Group Crest, 1967), New York, 1966.

BRENTON, Myron, *Friendship*, Stein & Day, New York, 1974.

C.E.Q., *Pour créer de nouveaux rapports femmes-hommes*, Semaine d'intervention pédagogique du 1er au 8 mai 1981, Montréal, 1981.

CARRIER, Micheline, *Doit-on pendre Jocaste*, Éditions Apostrophe, n° 2, Québec, 1983.

CARRIER, Micheline, *La pornographie, base idéologique de l'oppression des femmes*, Éditions Apostrophe, n° 1, Québec, 1985.

CHABOT, Marc, *Des hommes et de l'intimité*, Éditions Saint-Martin, Montréal, 1987.

CHABOT, Marc, *Chroniques masculines*, Pantoute, Québec, 1981.

CHAMPAGNE, Maurice, *La violence au pouvoir*, Éditions du Jour, Montréal, 1971.

CHAPUT, Sylvie et CHABOT, Marc, *Lettres sur l'amour*, Éditions Saint-Martin, Montréal, 1985.

COLLANGE, Christiane, *Ça va les hommes?*, Grasset, Paris,1984.

COLLECTIF: *Actes* du colloque «Intervention auprès des hommes» UQAM, juin 1986, Fédération des CLSC du Québec, coordination: Jean-Pierre Simoneau.

COLLECTIF, *Écrire l'amour,* Communications de la onzième rencontre québécoise internationale des écrivains, L'Hexagone, Montréal, 1984.

COQUILAT, Michelle, *La poétique du mâle*, Gallimard, Paris, 1982.

DANIELL, Rosemary, *Sleeping with Soldiers: In search of Macho Man*, Holt Rinehart & Winston, New York, 1985.

DARMON, Pierre, *Le mythe de la procréation à l'âge baroque*, Seuil, Paris, 1981.

De FONTENAY, Hervé, et coll., *La certitude d'être mâle?*, Éditions Jean Basile, Montréal, 1980.

De SAINT MARTIN, Louis-Claude, *L'homme de désir*, Éditions du Rocher, Paris, 1979.

DIERICHS, H. et MITSCHERLICH, M., *Des hommes, des femmes*, Paris, 1983.

DOYLE, Richard, *The Rape of the Male*, Poor Richard's Press, St. Paul, Minesota, 1976.

DUVERT, Tony, *L'enfant au masculin*, Minuit, Paris, 1980.

EHRENREICH, Barbara, *The Hearts of Men, American Dreams and the Flight From Commitment*, A Doubleday Anchor book, Garden City, New York, 1983.

ELIADE, Mircea, *Méphistophélès et l'androgyne*, Gallimard, Paris, 1978.

ELIAS, Norbert, *La civilisation des mœurs*, Calmann-Lévy, Paris, 1974.

EMMONS MACCOBY, Eleanor, NAGY Jacklin Caro, *The psychology of sex differences*, Vol. 1, Ed. Stanford University Press, California, 1978.

ENGELS, Friedrich, *L'origine de la famille, de la propriété privée et de l'État*, Éditions du Progrès, Moscou, 1979.

ETHEREDGE, Lloyds S., *A World of Men: The Private Sources of American Foreign policy,* Cambridge MA, MIT Press, 1978.

FILENE, Peter Gabriel, *Him Her self: Sex Roles in Modern America,* Harcourt Brace Jovanich, New York, 1974.

FINKIELKRAUT, Alain, *La sagesse de l'amour*, Gallimard, Paris, 1984.

FLAMANT, D., PAPARATTI, L., *Le journal de Lucas, sexographie d'un petit garçon*, Éditions Denoël/Gonthier, Paris, France, 1983.

FLANDRIN, Jean-Louis, *Un temps pour embrasser. Aux origines de la morale sexuelle occidentale*, Seuil, Paris, 1983.

FOURIER, Charles, *Vers la liberté en amour*, Gallimard, coll. «Idées» n° 331, Paris, 1975.

FRANKLIN, Clyde W., *Changing definition of Masculinity*, Plenum Press New York, 1984.

FRANKS, Helen, *Adieu Tarzan*, Éditions Le Jour, Montréal, 1986.

FRENCH, Marilyn, *La fascination du Pouvoir*, Éditions Acropole, 1986.

FRIEDMAN, Scarlet, SARAH, Elisabeth dir., *On the problem of Men Two Feminist Conference*, The Women Press Ltd, Londres, 1982.

GAGNON, Jean, *La pornographie et le monde urbain*, GRAVV Éditions, Montréal, 1984.

GAGNON, Lysianne, *Vivre avec les hommes un nouveau partage*, Éditions Québec-Amérique.

GENDRON, Dr. Lionel, *Qu'est-ce qu'un homme?* Éditions de l'Homme, Montréal,1962.

GILLIGAN, Carole, *Une si grande différence*, Flammarion, Paris, France, 1986.

GLENN, R. Bucher, *Straight White Male*, Fortress Press, Philadelphia, 1976.

GOLDBERG, Herb, *Être homme se réaliser sans se détruire*, Éditions Le Jour, Montréal,1982.

——, *The New Male-Female Relationship*, William Morrow and co., New York, 1983.

——, Nouvelles relations entre hommes et femmes, Éditions du Jour, coll. «Actualisation», Montréal, 1985.

GOURGUES, Jules-H. et GUAY, Michelle, *Le viol, violence et sexualité*, Centre de sexologie de Québec et la direction des Communications du ministère de la Justice, Québec, 1981.

GRAND'MAISON, Jacques, *La révolution affective et l'homme d'ici*, Éditions Leméac, Montréal, 1982.

GUIDDO de Ridder, *Du côté des hommes*, Éditions L'Harmattan, Paris, 1982.

HABENSTREIT, Barbara, *Men against War*, Doubleday and Co., New York, 1973.

HALEY, Bruce, *The Healthy Body and the Victorian Culture*, Harvard University Press, Cambridge MA, 1978.

HAREL, J.P., *Silence à voix haute*, Éditions Quinze, Montréal, 1985.

HARTER, Jim, *Men, a pictorial archive from nineteen-century sources*, Dover Publ., New York, 1980.

HELMER, John, *Bringing the War Home: The American Soldier in Vietnam and After*, Free Press, New York, 1974.

HERDT, Gilbert, *Guardians of the Flutes: Idioms of Masculinity*, McGraw-Hill Co., New York, 1981.

HOCH, Paul, *White Hero Black Beast: Racism, Sexism and the Mask of Masculinity,* Pluto Press, Londres, 1979.

HOCQUENGHEM, Guy, *Le désir homosexuel*, Éditions Jean-Pierre Delarge, Paris, 1977.

HODGES, Andrew et HUTTER, David, *Pardonnez-nous notre existence, aspects de l'auto-oppression homosexuelle*, Groupe gai de l'Université Laval, Québec, 1978.

ILLICH, Ivan, *Le genre vernaculaire*, Éditions du Seuil, Paris,1983.

JANSSEN-JURRAT, Marilouise, *Sexism, the Male Monopoly on History and Thought*, Ed. Farra Schaus Giroux, New York, 1983.

KASHFI, Anna, STEIN, E.P., *Brando au petit déjeuner*, Éditions Buchet Chastel, Paris, 1980.

KAYE, Harvey E., *Male Survival*, Grosset & Dunlap, New York, 1974.

KEEGAN, John, *The Face of Battle*, Viking Press, New York, 1976.

KETT, Joseph F., *Rites of Passage. Adolescence in America from 1790 to the present*, Basic Book, New York, 1977.

KEULS, Eva C., *The Reign of the Phallus: Sexual Politics in Ancient Athens,* Harper & Row, New York, 1985.

KIERKEGAARD, Soren, *Le journal d'un séducteur*, Gallimard, coll. «Idées» n° 84, Paris, 1973.

KILEY, Dan, *Le syndrome de Peter Pan,* Robert Laffont, Paris, 1985.

KILGORE, James E., *The Intimate Man: Intimacy & Masculinity in the 80's,* Albion Press, New York, 1984.

KIRSHER, Alan M., *Masculinity in a Historical Perspective: Readings and Discussion,* University Press of America, Washington D.C., 1977.

KNIPE, Humphry et MACLAY, George, *L'homme dominant*, Robert Laffont, Paris, 1973.

KOSOFSKY-SEDGWICK, Eve, *Between Men, English Literature and male Homosocial Desire*, Columbia University Press, New York, 1985.

KROMAROVSKY, Mirra, *Dilemma of masculinity, A study of College Youth*, Morton & Co. Inc., New York, 1976.

LACROIX, Adrien, *L'homme nouveau au masculin féminin*, Éditions Marie-Claire Beauport, 1983.

LAGACHE, Daniel, *La jalousie amoureuse*, Presses universitaires de France, coll. «Quadrige», Paris, 1981.

LAPASSADE, George et SHERER, René, *Le corps interdit, essais sur l'éducation négative*, les éditions ESF, Paris, 1976.

LECLERC, Annie, *Hommes et femmes*, Grasset, 1984.

LEEMONS, Thomas A., *The Rites of Passage in a Student Culture: A study of the Dynamic of Transition*, Teachers College Press, Columbia University, New York, 1972.

LEVINSON, Daniel, et al., *The Seasons of a Man's Life*, Ballantine, New York, 1978.

LLEWELLYN-JONES, Dereek, *Every Man*, Oxford University Press, New York, 1982.

MACLEOD, David I., *Be a man! Males in modern Society*, Holmes and Meir Publisher, New York, 1979.

MALCOLMSON, William L., *Success is a Failure Experience: Male Liberation and the American Myth of success*, Abington, New York, 1976.

MARCIL-LACOSTE, Louise, *La raison en procès, essais sur la philosophie et le sexisme*, Hurtubise/HMH, Montréal, 1987.

MAUGUE, Annelise, *L'identité masculine en crise au tournant du siècle*, Rivages/histoire, Paris, 1987.

McMORROW, Fred, *Adolescence: the dangerous years,* Strawberry Books, New York, 1974.

MICHEALIS, David, *The Best Friend Profile of Extraordinary Friendships*, William Morrow and co., New York, 1983.

MILLER, Henry, *Lettres d'amour à Brenda Venus*, Presses de la Renaissance, Paris, 1986.

MILLET, Kate, *La politique du mâle*, Éditions Stock, Paris, 1971.

MITSCHERLICH, Alexander, *Vers la société sans pères*, Gallimard, Paris, 1969.

MITSCHERLICH, M., et DIERICHS, H., *Des hommes. Dix histoires exemplaires,* Éditions des Femmes, 1983.

MITZEL, John, *Sport and the Macho Male*, 2ᵈ ed. Boston, Fag Rag Books, Boston, 1976.

MONTAIGNE, Michel, *De l'amitié*, F. Alcan, Paris, 1939.

NAIFRH, Steven, WHITE SMITH, Gregory, *Why Can't Men Open Up? Overcoming Men's Fear of Intimacy,* Clarckson N., Potter Inc. New York,1984.

NONEY, John, TUCKER, Patricia, *Êtes-vous un homme ou une femme?* La Presse, Ottawa, 1975.

PLECK, Joseph H., *The Myth of Masculinity*, M.I.T. Press, Cambridge, 1981.

PLECK, Joseph, PLECK, Elisabeth, *The American Male*, Prentice Hall, New York, 1980.

POULAIN DE LA BARRE, François, *De l'égalité des deux sexes*, Fayard, Paris, 1984.

POULIOT, Jean-François, *L'impact des groupes-hommes sur les relations sociales de sexe; enquête sur la condition masculine*, Les cahiers de recherche du GREMF, Université Laval, Québec, 1986.

RACINE, Luc, *Enfance et société nouvelles*, Hurtubise HMH, Montréal, 1982.

REISMAN, John M., *Anatomy of Friendship*, Ivington Pub., New York, 1979.

RUBIN, Lillian B., *Just Friends: The Role of friendship in our Lives,* Harper & Row, New York, 1985.

SKEJI, Eric, RABKIN, Richard, *The Ordeal Male: Role Crisis in a Changins World,* C.P. Putnam's Sons, New York, 1981.

SNODGRASS, Jon, *For men against sexism*, Ed. Time Change Press, 1977.

SOLOMON, Keneth, LEVY, Norman B., *Men in Transition: Theory and therapy,* Plenum Press, New York, 1982.

STEINMANN, Anne, FOX, David J., *The Male Dilemma*, Jason Aranson ed. New York, 1974.

STUART, Miller, *Les hommes et l'amitié*, Robert Laffont, Paris, 1984.

TOLSON, Andrew, *The Limits of Masculinity: Male identity and*

Women's Liberation, Harper & Row, Publisher, New York, 1977.

TREMBLAY, Michel, *Le cœur découvert*, Leméac, Montréal, 1986.

VALAS, P., *Œdipe, reviens tu es pardonné*, Éditions Point hors ligne, Paris, 1984.

VANGAARD, Thorkill, *Phallos: A symbol and Its History in the Male World,* International Universities Press, New York,1974.

VINCENT, Jean-Didier, *Biologie des passions*, Éditions Odile Jacob/ Seuil, Paris, 1986.

VINCENT-BUFFAULT, Anne, *Histoire des larmes*, Rivages/histoire, Paris, 1986.

WILSON, Colin, *L'homme en dehors*, Gallimard, Paris, 1958.

TITRE: **90 jours... pour tomber en amour**
INDEX SUJET PRÉCIS: hommes. relations interpersonnelles avec les femmes - traitement humoristique - longs métrages de fiction
GENRE DE MATÉRIEL A/V: film
DESCRIPTION PHYSIQUE: 99 min. 33 s: son, coul.; 16 mm (35 mm).
DATE DE PRODUCTION: 1986
ORGANISME PRODUCTEUR: Office national du film du Canada
DISTRIBUTEUR: ONF
DESCRIPTION: Doublage français d'un film sur les mésaventures de deux hommes modernes aux prises avec la femme de leur vie (Prix: Mannheim, Chicago et Rio de Janeiro).
VERSION ANGLAISE: 90 Days
GÉNÉRIQUE: réalisateur, Giles Walker; producteur/scénario, David Wilson; Giles Walker; producteur exécutif, Andy Thomson
AGENCE ÉMETTRICE: ONF

TITRE: **Au-delà de cette limite, votre ticket n'est plus valable**
INDEX SUJET PRÉCIS: littérature française. Gary, Romain - adaptations cinématographiques hommes, 60 ans. thèmes traités: vieillesse - traitement dramatique - longs métrages de fiction
GENRE DE MATÉRIEL A/V:film
DESCRIPTION PHYSIQUE: 88 min.: son, coul.; 35 mm.
DATE DE PRODUCTION: 1981
ORGANISME PRODUCTEUR: Les Films RSL ltée.
DISTRIBUTEUR: Vivafilm ltée
DESCRIPTION: Au moment où son empire financier s'effondre, Jason Ogilvy s'éprend d'une jeune Brésilienne de 20 ans, Laura. À soixante ans, Jason voit sa virilité décliner et son obsession se transformer en un monde de fantaisie proche de la folie. Habitué au pouvoir et à la puissance, il doit faire face à l'humiliation provoquée

par son propre déclin. Refusant tout compromis, il décidera d'affronter sa destinée une dernière fois...
VERSION ANGLAISE: Finishing Touch
GÉNÉRIQUE: réalisateur, George Kaczender; producteur, Robert Lantos; Stephen J. Roth; producteur délégué, Robert Halmi
AGENCE ÉMETTRICE: ONF

TITRE: **L'Homme à tout faire**
INDEX SUJET PRÉCIS: hommes. amour. problèmes - longs métrages de fiction
GENRE DE MATÉRIEL A/V: film
DESCRIPTION PHYSIQUE: 99 min.: son, coul.; 35 mm.
DATE DE PRODUCTION: 1980
ORGANISME PRODUCTEUR: Corporation Image M&M ltée.
DISTRIBUTEUR: Les Films René Malo inc., Dabara Films
DESCRIPTION: L'histoire est celle d'Armand Dorion, 33 ans, Gaspésien, ouvrier sur les chantiers de Gaspésie, aux prises avec un éternel besoin de «tomber en amour». Il en vient même à se marier mais quelques mois plus tard, sa femme se sauve du foyer conjugal. À partir de ce moment, on le suivra dans plusieurs villes du Québec, là où l'amour l'amène, là où il cherche encore autre chose, vivant tant bien que mal avec son quotidien et les manigances de son meilleur ami. Armand ne peut se passer de l'amour malgré une série d'échecs. Il finit pourtant par rencontrer Thérèse Saint-Amant, jeune femme de banlieue, chez qui il va accomplir des travaux de rénovation. Une relation saugrenue grandit entre ces deux êtres si différents. Loyal et courageux, Armand ira jusqu'au bout même s'il ne se fait pas d'illusion.
VERSION ANGLAISE: The Handyman
GÉNÉRIQUE: réalisatrice/scénario, Micheline Lanctot;
producteur, René Malo; producteur délégué, Jean-Claude Lord
AGENCE ÉMETTRICE: ONF

TITRE: **L'homme renversé**
GENRE DE MATÉRIEL A/V: film
DESCRIPTION PHYSIQUE: 97 min. 10 s: son, coul.; 16 mm
(35mm).
DATE DE PRODUCTION: 1987
ORGANISME PRODUCTEUR: Office national du film du
Canada
DISTRIBUTEUR: ONF
DESCRIPTION: Dans l'arène de la vie, les hommes, ces virtuoses
du silence, sont plus occupés à relever le défi, à se mesurer l'un à
l'autre et à marquer des points qu'à analyser leurs sentiments ou à
cultiver des relations intimes. Film doux-amer, «L'homme renversé»
braque sa loupe sur l'aliénante solitude de l'homme moderne et nous
laisse entrevoir tout le négatif de la sacro-sainte virilité masculine,
cet impératif qui séquestre l'individu de lui-même. Se taire.
GÉNÉRIQUE: réalisateur, Yves Dion; producteurs, Suzanne Dussault, Roger Frappier, Michel Gauthier.
AGENCE ÉMETTRICE: ONF

TITRE: **La Bête lumineuse**
INDEX SUJET PRÉCIS: Québec. orignaux. chasse - drames -
longs métrages hommes. relations interpersonnelles. problèmes -
drames - longs métrages
GENRE DE MATÉRIEL A/V: film
DESCRIPTION PHYSIQUE: 127 min. 18 s: son, coul.; 16 mm.
DATE DE PRODUCTION: 1982
ORGANISME PRODUCTEUR: Office national du film du
Canada
DISTRIBUTEUR: ONF
DESCRIPTION: La chasse à l'orignal, une tradition au Québec, est
ici prétexte à fouiller l'âme québécoise et exalter sa «parole». Dans
un «shack» de Maniwaki, des citadins opèrent leur annuel retour à la
nature... comme on opère un miracle! Mystères de la chasse, qui
courtise chance et habileté, avec ce «buck fever» qui diffracte rêve
et réalité! Plaisir de se mesurer aux éléments et de connaître ses
limites! Expérience de la mort pour exorciser sa propre mort et

renouer avec la chaîne entière de la vie! Mais aussi, esprit de panache, de bravache et de vantardise, et transposition de moeurs sauvages de la meute au sein du groupe d'amis, où on a tôt fait de repérer une victime, un souffre-douleur qui sera soumis à la torture d'une impitoyable ironie. Une magistrale partie de chasse, une mythologie bien de chez nous. Une version sous-titrée en français est aussi disponible.
VERSION ANGLAISE: The Shimmering Beast
GÉNÉRIQUE: réalisateur, Pierre Perrault; producteur, Jacques Bobet.
AGENCE ÉMETTRICE: ONF

TITRE: **La Cuisine rouge**
INDEX SUJET PRÉCIS: femmes. relations interpersonnelles avec les hommes - traitement dramatique - longs métrages de fiction société contemporaine. stéréotypes masculins-féminins - traitement dramatique - longs métrages de fiction
GENRE DE MATÉRIEL A/V:film
DESCRIPTION PHYSIQUE: 82 min.: son, coul.; 16 mm.
DATE DE PRODUCTION: 1980
ORGANISME PRODUCTEUR: Les Films Anastasie inc. Ballon Blanc inc.
DISTRIBUTEUR: Les Films du Crépuscule
DESCRIPTION: C'est la journée la plus chaude de l'été. Un mariage, un bar «topless», une cuisine, une cour. Dans la cuisine, le travail ne règne pas, les femmes refusant d'assumer le rôle qui leur a été imposé. Dans le bar, les hommes attendent leur déjeuner. Les femmes se laissent aller. Les hommes s'enivrent. Pendant ce temps, l'enfant femelle se révolte, refuse toutes ces images et décide de faire sa valise. Elle s'en va, portant en elle les germes de la révolution.
GÉNÉRIQUE: réalisateur/scénario, Paule Baillargeon; Frédérique Collin; producteur délégué, Claude Des Gagné; Renée Roy.
AGENCE ÉMETTRICE: ONF

TITRE: **Le Choc de la retraite**
INDEX SUJET PRÉCIS: hommes. retraite. problèmes -
expériences personnelles
GENRE DE MATÉRIEL A/V: film
DESCRIPTION PHYSIQUE: 30 min. 50 s: son, coul.; 16 mm.
DATE DE PRODUCTION: 1984
ORGANISME PRODUCTEUR: Educfilm inc.
DISTRIBUTEUR: Multimédia Audiovisuel inc.
DESCRIPTION: Le jour où on prend sa retraite, on perd beaucoup:
toutes ses activités professionnelles, un certain statut social, ses
relations de travail, etc. Nous découvrirons à travers différents témoi-
gnages que la retrouvaille avec soi-même n'est pas toujours facile.
On découvre avec stupeur que le problème est bien plus profond,
que la société dévore ses individus et que ces mêmes individus
hypercentrés sur leurs fonctions professionnelles perdent de vue leur
propre identité.
GÉNÉRIQUE: réalisateur, Michel Moreau.
AGENCE ÉMETTRICE: Cinéma

TITRE: **Le Jour «S»**
INDEX SUJET PRÉCIS: hommes, 40 ans. souvenirs personnels -
longs métrages de fiction
GENRE DE MATÉRIEL A/V: film
DESCRIPTION PHYSIQUE: 87 min. 4 s: son, coul.; 35 mm (16
mm).
DATE DE PRODUCTION: 1984
ORGANISME PRODUCTEUR: Cinak compagnie
cinématographique ltée.
DISTRIBUTEUR: Les Films Astral
DESCRIPTION: «S» comme dans souvenirs, sexualité, société,
sentiments. Une fable sentimentale... Ce jour-là, un dénommé Jean-
Baptiste Beauregard (qui approchait de la quarantaine) se laissa aller
à une certaine introspection vis-à-vis de sa vie amoureuse. Il ne se
doutait toutefois pas que les hasards et les événements, tous plus
insolites et cocasses les uns que les autres, allaient lui faire revivre
les principaux fantasmes de son enfance, de son adolescence, de son

premier mariage, de son divorce. C'est pourquoi il fut très heureux de retrouver, en début de soirée, Claire, son amie actuelle, très heureux de retrouver le présent pourtant lui aussi rempli de surprises.
GÉNÉRIQUE: réalisateur, Jean Pierre Lefebvre; producteur, Yves Rivard.
AGENCE ÉMETTRICE: Cinéma

TITRE: **Le Passager**
INDEX SUJET PRÉCIS: hommes. crises cardiaques - films de fiction
GENRE DE MATÉRIEL A/V: film
DESCRIPTION PHYSIQUE: 24 min.: son, coul.; 16 mm.
DATE DE PRODUCTION: 1983
ORGANISME PRODUCTEUR: Les Films Cenatos. Les Productions Cinégraphe inc.
DISTRIBUTEUR: Les Films Cenatos, Les Productions Cinégraphe inc.
DESCRIPTION: Dans un autobus de ville, un jeune homme porte secours à un homme d'âge mûr terrassé par une crise cardiaque. Pendant le voyage jusqu'à l'hôpital, surviennent certains incidents qui rapprochent le jeune homme du vieux monsieur.
GÉNÉRIQUE: réalisateur, Nicholas Kinsey; productrice, Pauline Geoffrion.
AGENCE ÉMETTRICE: Cinéma

TITRE: **Les Filles et les Garçons**
INDEX SUJET PRÉCIS: filles et garçons. comportement. points de vue des enfants
GENRE DE MATÉRIEL A/V: film
DESCRIPTION PHYSIQUE: 3 min.: son, coul.; 16 mm.
DATE DE PRODUCTION: 1980
ORGANISME PRODUCTEUR: Nanouk Films ltée.
DISTRIBUTEUR: Multimédia Audiovisuel inc.
DESCRIPTION: Des enfants disent ce qu'ils pensent des filles et des garçons.
TITRE DE SÉRIE: La Parole aux enfants

GÉNÉRIQUE: réalisateur/montage, André Melançon.
AGENCE ÉMETTRICE: ONF

TITRE: **Les Mâles**
INDEX SUJET PRÉCIS: hommes. sexualité. désirs sexuels -
comédies - films érotiques - longs métrages de fiction
GENRE DE MATÉRIEL A/V: film
DESCRIPTION PHYSIQUE: 112 min.: son, coul.; 35 mm (16
mm).
DATE DE PRODUCTION: 1970
ORGANISME PRODUCTEUR: Onyx Film Incorporated.
Compagnie France Film.
DISTRIBUTEUR: Compagnie France Film
DESCRIPTION: Un bûcheron et un étudiant contestent la civilisation
en se retirant dans les bois. Après 553 jours de continence, ils enlè-
vent la fille d'un chef de police... la jolie kidnappée se transforme
rapidement en geôlière. Ils s'évadent. De retour au campement, ils y
trouvent une jeune fille, Rita Sauvage, pure et innocente. Bientôt les
trois compagnons forment un ménage à trois original. Le paradis ne
dure pas longtemps: jalousie, méchanceté, guerre. Rita Sauvage
s'enfuit et les deux hommes partent à la recherche de leur amie...
GÉNÉRIQUE: réalisateur/scénario/montage, Gilles Carle; producteur, Pierre Lamy.
AGENCE ÉMETTRICE: Cinéma

TITRE: **Luc ou la Part des choses**
INDEX SUJET PRÉCIS: adolescents homosexuels. problèmes -
longs métrages de fiction
GENRE DE MATÉRIEL A/V: film
DESCRIPTION PHYSIQUE: 91 min.: son, coul.; 16 mm.
DATE DE PRODUCTION: 1982
ORGANISME PRODUCTEUR: Cégep de Trois-Rivières.
Québec. Ministère de l'éducation, Direction générale des moyens
d'enseignement.
DESCRIPTION: À 18 ans, Luc abandonne ses études pour travailler
dans un garage. Cette décision est bien acceptée par sa famille qui

espère le marier le plus tôt possible afin de le détourner de ses rêves de moto, de musique et de solitude. Mais Luc est un être à part. De façon imprévue, il découvre son homosexualité et tente de se suicider. Après une longue période de mutisme, il reprend goût à la vie grâce à l'influence d'un ami d'enfance avec lequel il fait le projet d'un voyage.

GÉNÉRIQUE: réalisateur/caméra/scénario, Michel Audy; producteur délégué, Alain Lallier.

AGENCE ÉMETTRICE: ONF

TITRE: **Observation 3 - «Ah, les filles»**.
INDEX SUJET PRÉCIS: enfants, 6-12 ans. comportement au jeu filles. attitudes des garçons
GENRE DE MATÉRIEL A/V: film
DESCRIPTION PHYSIQUE: 27 min. 22 s: son, coul.; 16 mm.
DATE DE PRODUCTION: 1978
ORGANISME PRODUCTEUR: Office national du film du Canada.
DISTRIBUTEUR: ONF
DESCRIPTION: Des portraits différents: un groupe plus âgé, cette fois. Les propos des garçons sur les filles; leurs relations et leur comportement envers ces dernières. On peut maintenant observer un énorme changement dans les attitudes qui sont plus tolérantes. C'est le moment de la vie où on découvre ses goûts, où on affirme son identité en transformant son environnement pour l'adapter à ses propres besoins, par exemple.
GÉNÉRIQUE: réalisateur/recherche, André Melançon; producteur, Jacques Gagné.
AGENCE ÉMETTRICE: ONF

FILMOGRAPHIE
ANGLAISE

TITRE: **Being Male**
INDEX SUJET PRÉCIS: boys. roles. stereotyping
GENRE DE MATÉRIEL A/V: film
DESCRIPTION PHYSIQUE: 15 min. 12 sec.: sd., col.; 16 mm.
DATE DE PRODUCTION: 1980
ORGANISME PRODUCTEUR: National Film Board of Canada
DISTRIBUTEUR: NFB
DESCRIPTION: One effect of the women's movement in western societies has been the gradual realization by some males that they are trapped by stereotypes. In this film, 16- and 17-year-old adolescent boys talk candidly about how the traditional image of maleness fits their own experience. Young men, the film shows, are beginning to re-evaluate their role in society.
GÉNÉRIQUE: director, Don White; producer, George Johnson; exec. producer, John Taylor.
AGENCE ÉMETTRICE: NFB

TITRE: **Boys for Babies**
INDEX SUJET PRÉCIS: boys. roles. formation. effects of role reversal with girls
GENRE DE MATÉRIEL A/V: film
DESCRIPTION PHYSIQUE: 17 min.: sd., col.; 16 mm and discussion leader's guide.
DATE DE PRODUCTION: 1984
ORGANISME PRODUCTEUR: Canadian Learning Company Inc.
DISTRIBUTEUR: Canadian Learning Company Inc.
DESCRIPTION: The film follows eight typical grades 5 and 6 boys as they learn to care for babies. It is a non-typical learning experience at that point in a boy's development when he is learning "to be a man". It explores the feelings of caring and nurturing and changing

63

male role models. We see the boys come to terms with themselves and their roles in a changing adult world where more than half of mothers work outside the home, and the traditional roles of both parents are changing. The boys see that females are not the only appropriate nurturers. Demonstrations of gentleness, caring and sensitivity among their peers in no way diminishes their masculinity.
AUTRES SUPPORTS: Available also in 1/2" and 3/4" videocassettes.
GÉNÉRIQUE: director, Tony Snowsill; producer, Michael Harding.
AGENCE ÉMETTRICE: NFB

TITRE: **Brethren**
INDEX SUJET PRÉCIS: brothers. interpersonal relationships. conflict - stories - feature films
GENRE DE MATÉRIEL A/V: film
DESCRIPTION PHYSIQUE: 90 min.: sd., col.; 16 mm.
DATE DE PRODUCTION: 1975
ORGANISME PRODUCTEUR: Clearwater Films Limited
DISTRIBUTEUR: Clearwater Films Limited
DESCRIPTION: Three brothers, Jed, Lucas and Paul Winwood return to their small home town of Penhurst for the funeral of their father. Each of the brothers has a distinctly different lifestyle, a different system of values, and they are brought into conflict with those of each other. (Award: Canadian Film Awards.)
AUTRES SUPPORTS: Available also in videocassette.
GÉNÉRIQUE: director/screenplay/editing, Dennis Zahoruk; producer.
AGENCE ÉMETTRICE: NFB

TITRE: **But It's Not My Fault!**
INDEX SUJET PRÉCIS: adolescent boys. juvenile delinquency - dramatizations
GENRE DE MATÉRIEL A/V: film
DESCRIPTION PHYSIQUE: 46 min.: sd., col.; 16 mm.
DATE DE PRODUCTION: 1985

ORGANISME PRODUCTEUR: Embassy Films
DISTRIBUTEUR: Visual Education Centre
DESCRIPTION: This is a compelling drama about an insecure sixteen-year-old boy who learns the hard way when his attempts to "prove" himself to his peers ends with a nightmarish weekend in juvenile hall that he will remember for the rest of his life.
AUTRES SUPPORTS: Available also in videocassette.
AGENCE ÉMETTRICE: NFB

TITRE: **David and Hazel: A Story in Communication.**
INDEX SUJET PRÉCIS: marriage. interpersonal relationships. effects of husbands' attitudes to employment
GENRE DE MATÉRIEL A/V: film
DESCRIPTION PHYSIQUE: 28 min. 3 sec.: sd., b&w; 16 mm.
DATE DE PRODUCTION: 1964
ORGANISME PRODUCTEUR: National Film Board of Canada
DISTRIBUTEUR: NFB
DESCRIPTION: Produced in 1964 and designed for discussion of problems of family life, this film shows what may happen when a husband is over-secretive about his life at work. David is a man who believes that problems on the job are his alone and should not be allowed to bother his family. The film portrays the tensions and misunderstandings that develop when he stands to lose his job but fails to tell his family.
GÉNÉRIQUE: director, John Howe; producer, Nicholas Balla.
AGENCE ÉMETTRICE: NFB

TITRE: **Losin' It**
INDEX SUJET PRÉCIS: adolescent boys. virginity. loss - humorous treatment - stories - feature films
GENRE DE MATÉRIEL A/V:film
DESCRIPTION PHYSIQUE: 99 min. 43 sec.: sd., col.; 35 mm.
DATE DE PRODUCTION: 1981
ORGANISME PRODUCTEUR: Tijuana Productions Inc.
DISTRIBUTEUR: Pan-Canadian
DESCRIPTION: A delicate subject - the initiation of adolescents

and the slapstick adventures of four young men, out to prove just how harrowing and hilarious "losin' it" can be.
GÉNÉRIQUE: director, Curtis Lee Hanson; producer, Bryan Gindoff; Hannah Hempstead; executive producer, Garth H. Drabinsky; Joel B. Michaels.
AGENCE ÉMETTRICE: NFB

TITRE: **Soap-Box Derby**
INDEX SUJET PRÉCIS: girls. roles. stereotyping - dramatizations - children's films boys. roles. stereotyping - dramatizations - children's films
GENRE DE MATÉRIEL A/V: film
DESCRIPTION PHYSIQUE: 21 min. 53 sec.: sd., col.; 16 mm.
DATE DE PRODUCTION: 1974
ORGANISME PRODUCTEUR: National Film Board of Canada
DISTRIBUTEUR: NFB
DESCRIPTION: When you mix ingredients like a boys' club, the big event of the season — a soap-box derby — and a group of girls who want to get in on the action, something dramatic is bound to happen. Change, involving traditional male-female roles, is difficult to accept, for the young as well as the old, but in this case at least, it works out well in the end.
VERSION FRANCAISE: Les Tacots
GÉNÉRIQUE: director, André Melançon; producer, Jacques Bobet.
AGENCE ÉMETTRICE: NFB

TITRE: **The Sexes - What's the Difference?**
INDEX SUJET PRÉCIS: boys and girls. roles. stereotyping. causes
GENRE DE MATÉRIEL A/V: film
DESCRIPTION PHYSIQUE: 27 min. 50 sec.: sd., col.; 16 mm.
DATE DE PRODUCTION: 1976
ORGANISME PRODUCTEUR: Canadian Broadcasting Corporation
DISTRIBUTEUR: NFB

DESCRIPTION: What are little boys and little girls made of? A conglomerate look at the research being conducted by some of the world's most renowned experts on sex differences concludes that there are basic biologically determined differences between the sexes, and that these inherent factors interact in different ways with societal expectations and conditioning. Thus male/female role divisions depend on heredity plus environment.
TITRE DE SÉRIE: The Nature of Things
GÉNÉRIQUE: director, Roman Bittman; Heather Cook; producer, Roman Bittman.
AGENCE ÉMETTRICE: NFB

TITRE: **Tribute**
INDEX SUJET PRÉCIS: fathers. interpersonal relationships with sons - stories - feature films
GENRE DE MATÉRIEL A/V: film
DESCRIPTION PHYSIQUE: 124 min. 22 sec.: sd., col.; 35 mm.
DATE DE PRODUCTION: 1980
ORGANISME PRODUCTEUR: Kudos Film Productions Ltd.
Tiberius Productions
DISTRIBUTEUR: Pan-Canadian
DESCRIPTION: A wise-cracking New York PR man refuses to confront the discovery that he has cancer. He continues his vacuous life of the party ways, succeeding in further alienating his estranged son. All is resolved in a final testimonial for the male lead.
VERSION FRANCAISE: Un fils pour l'été
GÉNÉRIQUE: director, Bob Clark; producer, Joel B. Michaels; Garth H. Drabinsky; executive producer, Lawrence Turman; David Foster; Richard S. Bright.
AGENCE ÉMETTRICE: NFB

DISCOGRAPHIE
SOMMAIRE

Capdevielle, J.-P.
C'est dur d'être un héros
C.B.S., 1980

Cassonade
Si j'avais un char
Trans-Canada, 1978

Clerc, Julien
J'ai eu trente ans
Kébec disk, 1979

Dubois, Claude
La folie douce
Pingouin, 1983

Ferland, J.-P.
Le petit roi
Barclay, 1970

Ferland, J.-P.
Ça commence à l'hôpital
Barclay, 1985

Lavoie, Daniel
Cœur de pomme
London, 1986

Lavoie, Daniel
La vérité sur la vérité
London, 1967

Mouloudji
Faut vivre
Disque Mouloudji

Moustaki, Georges
Ma solitude
1968

Piché, Paul
L'escalier
Kébec Disk, 1979

Reggiani, Serge
Requiem pour n'importe qui
Polydor, 1986

Reggiani, Serge
La honte de pleurer
Polydor, 1979

Reggiani, Serge
Je ne voudrais pas crever
Polydor, 1986

Rivard, Michel
Le retour de Don Quichotte
Capitol, 1979

PATERNITÉ ET FAMILLE

PRÉSENTATION

Qu'est-ce que la paternité?
Essayer de définir la paternité, n'est-ce pas s'aventurer en terre inconnue? Savons-nous exactement en quoi consiste le rôle de père? L'image du père, «chef de famille» et pourvoyeur, ne correspond plus à la réalité d'aujourd'hui. Nous nous retrouvons devant une définition dépassée de la paternité. Il nous revient donc de trouver une nouvelle façon d'occuper la place du père. Il nous appartient de redéfinir l'espace que nous voulons occuper auprès des enfants.

Si on en parlait ensemble!
Pour questionner notre rôle de père, pour donner une nouvelle définition de notre paternité, nous ne pouvons rester seuls, nous avons besoin de savoir ce que d'autres hommes en pensent. Si nous pouvions, non seulement nous en parler entre nous, mais en parler aussi avec les femmes et les enfants; si nous avions, tous ensemble, l'occasion de nous expliquer, alors nous pourrions peut-être redécouvrir notre rôle de père, le sens de notre paternité?

Mais de quoi allons-nous parler?
Si l'on songe à la relation affective entre un homme et un enfant, la paternité «biologique» et la paternité «adoptive» ne comportent aucune différence évidente. C'est sur le plan du vécu de chacun que se retrouveront surtout les variantes. Car nous considérons que la paternité n'est pas qu'un pouvoir de procréation. Elle va bien au-delà. Elle se situe bien plus au niveau du don de soi, de la continuation de l'accomplissement de soi-même.

Ma compagne est enceinte...moi? J'attends un enfant!

Lorsque nous parlons de notre paternité, nous parlons d'abord de la relation affective avec les enfants. Et cette relation commence dès le moment de la grossesse. Durant cette période, une barrière, une différence d'état physique et psychologique s'installe entre l'homme et la femme.

C'est précisément par là qu'il faut commencer à en parler; c'est à ce moment que l'homme choisit la place qu'il occupera auprès de l'enfant qui vient. En ces lieux, naît une nouvelle relation entre un homme et un enfant.

Ensuite, la relation se développera selon le contexte que les événements lui donneront. Une séparation, un divorce, des situations de crise, la reconstitution d'une nouvelle famille forgeront un vécu particulier à chacun. Mais, surtout, la paternité demeurera un lieu où l'homme peut exprimer son amour et sa tendresse envers un enfant.

Une nouvelle avenue

Mais où et par qui les hommes ont-ils appris à exprimer cet amour? Leur a-t-on seulement déjà dit qu'ils en étaient capables? Ne leur aurait-on pas plutôt montré comment ne pas aimer, ne pas toucher, ne pas caresser? Nous faudrait-il alors réapprendre la paternité à l'envers?

Des lieux pour partager notre vécu de père, il n'y en a pas des tonnes; ce texte est le fruit de la réflexion d'un animateur en périnatalité. Il a pris une couleur particulière. Mais cette démarche n'est qu'un exemple de lieux que l'on peut se donner. Ne pourrait-on pas, ensemble, en inventer, en créer de nouveaux, différents, et surtout, ne pas avoir peur de les utiliser?

Cette section du répertoire se veut un geste en ce sens. Parce qu'il y en a très peu, ne pourrions-nous pas, en nous parlant, ouvrir de nouvelles avenues de communication entre nous, puis avec les femmes et les enfants?

Car, après tout, une famille, ce n'est pas qu'un père!... N'est-ce pas?

Claude Langlois

BIBLIOGRAPHIE

ABELIN, Ernest, "Triangulation, the Role of the Father and the Origins of Core Gender Identity During the Rapprochement Subphase", in *Rapprochement the Critical Subphase of Separation Individuation*, Lax, R.F., Bach S., Borland J.A., Ed. Aronson, États-Unis, 1980.

AMBERT, A. M., SAUCIER, J. F., "Adolescent's Perception of their Parents and Parent's Marital Status", *The Journal of Social Psychology*, 1983.

AMBROSE, Peter, HARPER, John, PEMBERTON, Richard, *Surviving Divorce: Men Beyond Marriage*, Harverest Press, États-Unis, 1983.

APPLETON, W. S., *Fathers and Daughters*, Berkley, États-Unis, 1984.

ARIES, Philippe, *L'enfant et la vie familiale sous l'Ancien Régime*, éd. du Seuil, France, 1973.

Association coopérative d'économie familiale, *De l'illusion de l'abondance à la réalité de l'endettement*, Canada, 1974.

AZAD, A., *Paternité usurpatrice: l'origine de l'oppression des femmes*, éd. du Remue-Ménage, Montréal, 1985.

BADINTER, Élisabeth, *Des causes de l'évolution du modèle paternel*, Le Groupe familial, n° 92, juillet-septembre, 1981.

BADINTER, Élisabeth, *L'Amour en plus*, Flammarion, 1980.

BALMARY, Marie, *L'homme aux statues, Freud et la faute cachée du père*, Grasset, France, 1979.

BARBEAU, Clayton C., *Delivering the Male of the Tough-guy Trap into a Better Marriage*, Winston Press, 1982.

BEER, William, *Househusbands: Men and Houseworking American Families*, Bergin & Garvey ed., États-Unis, 1985.

BEM, Sandra, "Sex-role adaptability: One consequence of psychological androginy", *Journal of personality and social psychology*, Vol 31, No 6, June 1975.

BENEDEK, T., "Fatherhood and Providing", in Antony E. J.,

Benedek T., Parenthood Boston, Little Brown and Co., 1970, *Les nouveaux rôles, les nouvelles images du père*, Cahiers Pédopsychiatriques, printemps 1983.

BESHAROV, D.J., "The Third International Congress, Conference Highlight", in *Children Today*, sept-oct., 1981.

BORNEMAN, Ernest M., *Le patriarcat*, Presses universitaires de France, coll. «Perspectives critiques», France, 1979.

CHAMPAGNE-GILBERT, Maurice, *Le temps d'être père*, Héritage, 1982.

CHAMPAGNE-GILBERT, Maurice, *La famille et l'homme à délivrer du pouvoir*, Leméac, Montréal, 1980.

CŒUR-ATOUT, *Un amour de père*, Éditions Saint-Martin, 1987.

COLLECTIF, *In nome del Padre*, Laterza ed., Italie, 1983.

COLLECTIF, "Tu habites chez ton père ou chez ta mère?", *Autrement*, série «Mutations», n° 46, janvier 1983.

COLLECTIF, "Couples", *Autrement*, n° 24, avril 1980.

DAKLEY, Ann, *The sociology of Housework*, Pantheon Books, États-Unis, 1975.

DELAISI DE PARSEVAL, G., et LALLEMAND, S., *L'Art d'accommoder les bébés*, Le Seuil, 1980.

DELAISI DE PARSEVAL, Geneviève, *La Part du père*, Le Seuil, France, 1981.

DELAISI DE PARSEVAL, G., et JANAUD, J., *L'enfant à tout prix*, Le Seuil, collection «Points», 1985.

DEMOS, J., "The Changing Faces of Fatherhood: A new exploration in American Family History", in *Father and Child*, Cath S., Gurwitt A., Ross, J.M., Little Brown and Co., États-Unis, 1982.

DEVROUX-MASSON, Annie, *Papa lit, maman coud*, Denoël/Gonthier, France, 1979.

Dialogue, *Le malaise masculin, recherche clinique et sociologique sur le couple et la famille*, n° 69, Édition AFCCC, (1er trimestre 1980), France, 1980.

DODSON, Fitzhugh, *Le père et son enfant*, Laffont, France,1975 "Fatherhood", Numéro spécial de *Family Coordinator*, Vol. 25, No. 4, 1976.

FROMM, E., *L'art d'aimer*, (The Art of Loving - 1956), éd. de l'Épi, France, 1968.

GARFINKEL, Perry, *In a Man's World: Father Son Brother Friend and Other Roles Men Play*, New American Library, États-Unis.

GAUTHIER, Pierre, *Les nouvelles familles*, Éditions Saint-Martin, Montréal, 1986.

GERSON, D., *Les papas du Zoo, (Son for a day - 1980)*, Coll. «Bibliothèque de l'Amitié», G. T. Rageot, France, 1981.

GOSSELIN, Lise, *La famille monoparentale à figure paternelle centrale*, École de psychoéducation, Canada, 1976.

GREENSPAN, S., "The Second Other: the role of the father in early personality formation and the Dyadic-Phallic Phase of Development", in *Father and Childs*, Cath S., Gurwitt A., Ross J. M., Little Brown and Co., États-Unis, 1982.

GREIF, Geoffrey, *Single Fathers*, Lexington Books, États-Unis, 1985.

GRESH, Sean, *Becoming a Father*, Bantam Books, Canada, 1982.

HANSON, Sherley, BOZETT, Frederick, *Dimension of Fatherhood*, Sage, Beverly Hills, 1985.

HANSON, Sherley, BOZETT, Frederick, "Fatherhood: A Library", in *Marriage and Family Review*, Vol. 9, No. 3-4,1985.

HOM INFO, «Les Hommes et les enfants», vol. 2, n° 4, septembre-octobre Canada, 1981.

HOM INFO, «Toujours père? La garde partagée!», vol. 4, n° 4, déc.-janv.-fév., Canada, 1984.

HOM INFO, «Mère-fils», vol. 5, n° 1, mars-avril-mai, Canada, 1984.

HOM INFO, «Un enfant que je veux, avec qui je le veux», vol. 5, n° 3, sept.- oct.- nov., Canada, 1984.

I.N.E.D., *Les pères aujourd'hui*, INED, France, 1981.

KING, Alan J. C., ROBERTSON, A. S., WARREN, W. K., Étude sur les attitudes et comportements des Canadiens en matière de santé: élèves âgés de 9, 12 et 15 ans.

KLINMAN, Debra, *Fatherhood U.S.A.,* Garland Publishing, États-Unis, 1984.

75

LAING, Ronald, D., *Conversations avec mes enfants*, Stock, coll. «Monde ouvert», France, 1978.

LAVAL, Henri-Martin, *Comment négocier avec l'enfant de l'autre... et garder le sourire*, Libre Expression, Canada,1986.

LEENHARDT, Pierre, *Le journal de grossesse d'un père célibataire*, éd. Presses de la Renaissance, France, 1982.

Les Pères aujourd'hui, Actes du colloque international, 17, 18 et 19 février 1981, INED,1982.

L'HEUREUX, Christine, *Le dernier recours*, éd. LibreExpression, Canada, 1984.

MASSE, A., *Père qui es-tu?*, Cahiers Pédopsychiatriques,1983.

METRAL, Marie-Odille, *Le mariage, Les hésitations de l'Occident*, Aubier, coll. «Présence et pensée», France, 1977.

MITSCHERLICH, Alexander, *Vers la société sans pères, essai de psychologie sociale*, Gallimard, France, 1969.

NAOURI, Aldo, *Une place pour le père*, éd. du Seuil, France, 1985.

OLIVIER, Christiane, *Les enfants de Jocaste, L'empreinte de la mère*, Denoël/Gonthier, France, 1980.

ORR, A., *Devenir père*, Dossier 90, F. Nathan, 1981.

OSTERRIETH, P., *L'enfant de la Famille*, éd. du Scarabée, France, 1963.

OSTROVSKY, E. S., *Children Without Men*, éd. Collier Books, États-Unis, 1962.

OWEN, Ursula, *Fathers, Reflections by Daughter*, Pantheon Book, États-Unis, 1985.

PACKARD, V., *Nos enfants en danger*, éd. Calmann-Lévy, 1984.

PARENT, Gail, *Le fils-mère*, éd. Ramsay, France, 1979.

PARKE ROSS, D., *Fathers*, Coll «The Developing Child», Cambridge ed., Bruner, Cole, Lloyd, Harvard University Press, 1981.

PENNACCHIONI, Irène, *De la guerre conjugale*, Mazarine, France, 1986.

«Pères et fils, masculinités», Revue *Autrement* n° 61, juin 1984, n° 72, septembre 1985, «Objectif bébé...» 1984.

PORTER, Cathy, *Pères et filles, femmes dans la révolution russe*, Éditions des femmes, Poche n° 27, France, 1979.

PRUETTE, K. D., "Œdipal Configurations in Young Father-Raised Children", in *The Psychoanalytic Study of the Child*,1985.

Regroupement de 650 références bibliographiques de langue anglaise.

REICH, Peter, *À la recherche de mon père*, Albin Michel, France, 1977.

RUBIN, Lillian, *Des étrangers intimes*, Robert Laffont (traduit de l'américain), France, 1983.

RUSSELL, Graeme, *The Changing Role of Fathers*, St. Lucie, Queensland University Press, 1983.

RUSSELL, Greame, *Gay Fathers*, Gay Fathers of Toronto, Canada, 1981.

SANTROCK, J. W., WARSHAK, R. A., "Father Custody and Social Development", in *Boys and Girls*, Journal of Sociological Issues, Vol. 35, 1979.

SATIR, V., *Conjoint Family Therapy*, Science and Behavior Books, Palo Alto, États-Unis, 1967.

SAUCIER, Jean-François, MARQUETTE, Claude, «Cycles de l'adolescence, processus sociaux et santé mentale», *Sociologie et Sociétés*, vol. 17, n° 1, avril 1985.

SAUCIER, Jean-François, «Évolution de l'adolescent montréalais "normal" du Secondaire I au cégep II», *Cahiers pédopsychiatriques de l'Hôpital Sainte-Justine*, n° 15, Canada, printemps 1981.

SCHLESINGER, Benjamin, *The One-Parent Family in the 1980's*, University of Toronto Press, Canada, 1985.

SHERER, René, *L'emprise des enfants entre nous*, Hachette, France, 1979.

SHORTER, Edward, *Naissance de la famille moderne*, Seuil, France,1977.

"Special issue on perspective of Fatherhood", *American Behaviorist Scientist*, Vol. 29, No. 1, sept.-oct. 1985.

STATISTIQUE CANADA, *Population: caractéristiques démographiques*, Recensement du Canada 1976, Catalogue 92-823, Gouvernement du Canada, Canada, 1978.

STATISTIQUE CANADA, *Familles*, Recensement du Canada 1976, Catalogue 93-823, Gouvernement du Canada, Canada, 1978.

STATISTIQUE CANADA, *Familles monoparentales*, Recensement du Canada 1976, catalogue 93-833, Gouvernement du Canada, Canada, 1978.

STATISTIQUE CANADA, *Caractéristiques démographiques: langue maternelle*, Recensement du Canada 1976, Catalogue 92-821, Gouvernement du Canada, Canada, 1978.

STATISTIQUE CANADA, *Bulletins supplémentaires géographiques et démographiques: années d'âge*, Recensement du Canada 1976, Catalogue 93-832, Gouvernement du Canada, Canada, 1978.

STATISTIQUE CANADA, *Divorce: La loi et la famille au Canada*, McKie D. C., Prentice B., Reed P., Ministère des Approvisionnement et Services, Canada 1983.

TAILLEFER, Denis, *Apprenez de votre enfant à ... devenir un meilleur père*, Guy Saint-Jean, Laval, 1988.

THIS, B., *Le Père: acte de naissance*, Le Seuil, 1980.

VACHON, Jacques, GAUTHIER, Jean et LABRECHE, Jacqueline, *Les parents face au placement*, Université de Sherbrooke, Département de service social et Centre de services sociaux du Montréal métropolitain, Canada, 1978.

VALABREGUE, Catherine, *Des enfants, pourquoi?*, Stock, France, 1978.

WINNICOTT, D. W., *L'enfant et sa famille (The Child and the Family, 1957)*, Petite bibliothèque Payot, France, 1979.

YOGMAN, Michael, W., "Competence and Performance of Fathers and Infants", in *Progress in Child Health*, Ed. J. A. Macferlane, London, Churchill Livingstone.

YOGMAN, Michael W., "Development of the Father - Infant Relationship", in *Theory and Research in Behavioral Pediatrics*, Vol. 1, ed. by Fitzgerald, Lester, Yogman (Plenum Publishing Corporation), 1982.

ZAPPERI, Roberto, *L'homme enceint: l'homme, la femme et le pouvoir*, Presses universitaires de France, France, 1983.

——, *Off their back... and on our own two feet*, Men Against Patriarchy, New Society Publisher, États-Unis, 1983.

TITRE: **La Fleur aux dents**
INDEX SUJET PRÉCIS: hommes d'âge moyen. adaptation
sociale. problèmes - longs métrages de fiction roman québécois.
Archambault, Gilles - adaptations cinématographiques familles.
relations familiales. problèmes - films de fiction
GENRE DE MATÉRIEL A/V: film
DESCRIPTION PHYSIQUE: 85 min. 47 s: son, coul.; 16 mm.
DATE DE PRODUCTION: 1975
ORGANISME PRODUCTEUR: Office national du film du
Canada
DISTRIBUTEUR: ONF
DESCRIPTION: Tiré du roman de Gilles Archambault, le film n'a
d'autre but que de nous amener à vivre le cheminement intérieur
d'un homme dans la quarantaine, marié, père de famille. Par le biais
de l'épouse, en voie de passer de la dépendance maritale à l'auto-
nomie, et de l'adolescente, sa fille, fière de lui annoncer qu'elle est
enceinte et qu'elle n'épousera pas le père, Lamontagne prend con-
science de la difficulté de s'adapter au monde d'aujourd'hui.
GÉNÉRIQUE: réalisateur, Thomas Vamos; producteur, Marc
Beaudet.
AGENCE ÉMETTRICE: ONF

TITRE: **La Petite Nuit**
SUJET PRÉCIS: société contemporaine. hommes. thèmes traités:
paternité - films de fiction
GENRE DE MATÉRIEL A/V: film
DESCRIPTION PHYSIQUE: 24 min.: son, coul.; 16 mm.
DATE DE PRODUCTION: 1983
ORGANISME PRODUCTEUR: La Maison des Quatre inc.
DISTRIBUTEUR: J.-A. Lapointe Films inc.
DESCRIPTION: Julien rêve d'adopter un enfant. Soudain, un jeune

garçon traverse la rue devant sa voiture, et le rêve devient réalité. Ce film sensible propose une nouvelle vision de l'homme qui voudrait assumer sa paternité et de la femme qui ne se sent pas obligée d'être mère pour se définir pleinement.
GÉNÉRIQUE: réalisateur/scénario/montage, André Théberge; productrice, Louise Carre
AGENCE ÉMETTRICE: Cinéma

TITRE: **Le Corps à corps avec la mère**
INDEX SUJET PRÉCIS: sexualité féminine. rôle des hommes. points de vue de Irigaray, Luce - perspectives psychologiques et féministes femmes. sexualité. rôle des mères - perspectives psychologiques - points de vue féministes
GENRE DE MATÉRIEL A/V: vidéo
DESCRIPTION PHYSIQUE: 1 cassette, 50 min.; son, n. et b.; 3/4 po.
DATE DE PRODUCTION: 1980
ORGANISME PRODUCTEUR: Vidéographe inc.
DISTRIBUTEUR: Vidéographe inc.
DESCRIPTION: Philosophe, écrivaine et psychanalyste française, Luce Irigaray amène par ses recherches, une contribution fondamentale à la théorisation de la sexualité féminine. Dans «Le Corps à Corps avec la Mère», Luce Irigaray établit que le rapport à la folie a lieu en tout premier dans le rapport avec la mère. Elle questionne la loi du père, de tous les pères, pères de famille, pères de nation, pères médecins, pères professeurs, moraux ou immoraux, intervenant pour refouler le désir de la mère et, par extension, instituant la société sur le matricide. L'imaginaire étant lié aux mythes, celle-ci illustre le meurtre de Clytemnestre et la folie d'Électre.
AUTRES SUPPORTS: Disponible aussi en betamax 1/2 po. et ruban 1/2 po.
GÉNÉRIQUE: réalisatrice, Luce Irigaray; producteur délégué, Norman Thibault.
AGENCE ÉMETTRICE: ONF

TITRE: Le Premier Pas
INDEX SUJET PRÉCIS: hommes. apprentissage de la paternité - films de fiction
GENRE DE MATÉRIEL A/V: film
DESCRIPTION PHYSIQUE: 36 min.: son, coul.; 16 mm.
DATE DE PRODUCTION: 1979
DISTRIBUTEUR: Cinéma Libre
DESCRIPTION: Deux hommes viennent de perdre la femme de leur vie. Charles, 30 ans, et Nicolas, 8 ans, seuls à présent, doivent apprendre un nouvel ordre des choses. Charles, qui n'aura plus à jouer un rôle de mari pourvoyeur, devra se rapprocher d'un enfant qu'il connaît mal et assumer les nouvelles tâches qui lui incombent: éduquer son enfant et tenir maison. C'est à travers Nicolas qui n'a pas intériorisé les stéréotypes du mâle et vivait avec sa mère un rapport d'égal à égal, que le père cherchera sa véritable identité et découvrira qu'il n'a pas à remplacer une femme par une autre pour que tout soit dit et réglé, mais plutôt à faire un pas, un premier pas dans la bonne direction: celle de la remise en question de soi, de l'apprentissage de l'autre et du respect de l'autonomie de chacun.
GÉNÉRIQUE: réalisateur, Franck LeFlaguais.
AGENCE ÉMETTRICE: Cinéma

TITRE: Les Beaux Souvenirs
INDEX SUJET PRÉCIS: pères. relations interpersonnelles avec les filles - traitement dramatique - longs métrages de fiction littérature québécoise. Ducharme, Réjean - adaptations cinématographiques - longs métrages familles. relations familiales. problèmes - drames - longs métrages de fiction
GENRE DE MATÉRIEL A/V: film
DESCRIPTION PHYSIQUE: 113 min. 38 s: son, coul.; 16 mm (35 mm).
DATE DE PRODUCTION: 1981
ORGANISME PRODUCTEUR: Office national du film du Canada. Lamy, Spencer et Compagnie ltée.
DISTRIBUTEUR: ONF
DESCRIPTION: Le retour à la maison familiale de l'enfant prodigue

ravive certains souvenirs heureux mais envenime quelques plaies mal cicatrisées. Plus Viviane se débat pour reprendre sa place dans la famille momentanément abandonnée, plus son père et sa jeune soeur Marie se sentent menacés dans l'univers hermétique qu'ils se sont fabriqué et sur lequel repose leur sécurité.
GÉNÉRIQUE: réalisateur, Francis Mankiewicz; producteur, Jean Dansereau; producteur délégué, Jean Dansereau; Pierre Lamy
AGENCE ÉMETTRICE: ONF

TITRE: **«On joue ou on joue pas?»**
INDEX SUJET PRÉCIS: pères. attitudes envers les fils - films de fiction
GENRE DE MATÉRIEL A/V: vidéo
DESCRIPTION PHYSIQUE: 1 vidéocassette, 16 min. 30 s: son, coul.; 3/4 po.
DATE DE PRODUCTION: 1986
ORGANISME PRODUCTEUR: Spirafilm inc.
DISTRIBUTEUR: Vidéo Femmes inc.
DESCRIPTION: Un père et son fils décident de changer de rôle, pour une soirée. À travers divers petits événements cocasses, nos deux personnages prennent conscience de leurs attitudes respectives.
GÉNÉRIQUE: réalisateur/producteur/scénario/montage, Stella Goulet; Daniel Guy.
AGENCE ÉMETTRICE: Cinéma

TITRE: **Un fils pour l'été**
INDEX SUJET PRÉCIS: pères. relations interpersonnelles avec les fils - longs métrages de fiction
GENRE DE MATÉRIEL A/V: film
DESCRIPTION PHYSIQUE: 124 min. 22 s: son, coul.; 35 mm.
DATE DE PRODUCTION: 1980
ORGANISME PRODUCTEUR: Kudos Film Productions Ltd. Tibérius Productions.
DISTRIBUTEUR: Pan-Canadian
DESCRIPTION: Un homme d'affaires new-yorkais plein d'esprit refuse d'accepter le fait qu'il a le cancer. La vie futile qu'il mène

l'éloigne de plus en plus de son fils. Cela se termine pourtant sur un témoignage d'estime.

VERSIONS: Tribute

GÉNÉRIQUE: réalisateur, Bob Clark; producteur, Joel B. Michaels; Garth H. Drabinsky; producteur délégué, Lawrence Turnman; David Foster; Richard S. Bright.

AGENCE ÉMETTRICE: ONF

TITRE: **Adam**
INDEX SUJET PRÉCIS: single fathers. interpersonal
relationships with sons - stories - for children
GENRE DE MATÉRIEL A/V: video
DESCRIPTION PHYSIQUE: 1 pt. of 1 cassette, 5 min. 50 sec.:
sd., col.; 3/4 in.
DATE DE PRODUCTION: 1985
ORGANISME PRODUCTEUR: Productions Prisma Inc.
DISTRIBUTEUR: Multimedia Audiovisuel Inc.
DESCRIPTION: Adam lives with his father, plays with his father,
watches television with his father, and does the cooking with his
father. Adam also squabbles occasionally with his father and laughs
heartily when his father plays jokes on him. Adam is the story of a
one-parent family, tackled with simplicity and realism. Number six
of the series.
VERSIONS: Zunik
GÉNÉRIQUE: director/script, Réal Tremblay; Danielle Marleau;
producer, Claude Godbout; Marcia Couelle.
AGENCE ÉMETTRICE: Cinema

TITRE: **"Capital"**
INDEX SUJET PRÉCIS: Canadian short stories in English.
Valgardson, W.D. - film adaptations Manitoba. sons. effects of
participation in family businesses - stories
GENRE DE MATÉRIEL A/V: film
DESCRIPTION PHYSIQUE: 23 min. 45 sec.: sd., col.; 16 mm.
DATE DE PRODUCTION: 1985
ORGANISME PRODUCTEUR: National Film Board of Canada
DISTRIBUTEUR: NFB
DESCRIPTION: Set against the beauty and harsh reality of the
Interlake Region of Manitoba, this is a story of a unique father-and-

son relationship. Abel Shizter and his son, Bill, live and work here, reconditioning old cars for resale. The business transforms young Billy from an innocent into an "operator" who understands the value of capital. A film version of W.D. Valgardson's short story "Capital". (Awards: Yorkton; Winnipeg.)
GÉNÉRIQUE: director/screenplay, Allan Kroeker; producer, Jerry Krepakevich; Michael Scott; executive producer, Michael Scott.
AGENCE ÉMETTRICE: NFB

TITRE: **Going to War**
INDEX SUJET PRÉCIS: Canadian short stories in English. Findley, Timothy - film adaptations soldiers. interpersonal relationships with sons, ca. 1940 - stories
GENRE DE MATÉRIEL A/V: film
DESCRIPTION PHYSIQUE: 23 min. 45 sec.: sd., col.; 16 mm.
DATE DE PRODUCTION: 1985
ORGANISME PRODUCTEUR: Atlantis Films Ltd. National Film Board of Canada.
DESCRIPTION: A half-hour drama based on a short story by Timothy Findley, set during World War II, in which a young boy feels deeply hurt when he learns that his father has joined the army and will be going away. The boy vents his wrath in his own strange way.
GÉNÉRIQUE: director, Carol Moore-Ede; producer, Susan A'Court; William Weintraub; executive producer, Michael MacMillan; Andy Thomson.
AGENCE ÉMETTRICE: NFB

TITRE: **Just Like Me**
INDEX SUJET PRÉCIS: boys. interpersonal relationships with stepfathers - stories
GENRE DE MATÉRIEL A/V: film
DESCRIPTION PHYSIQUE: 25 min.: sd., col.; 16 mm.
DATE DE PRODUCTION: 1980
ORGANISME PRODUCTEUR: Nicholas Films Inc.
DISTRIBUTEUR: Marlin Motion Pictures
DESCRIPTION: A young boy faces the reality of his parents'

divorce by establishing a relationship with his stepfather despite
his feelings of loyalty to his father.
GÉNÉRIQUE: director/producer/editing, Bruce Pittman.
AGENCE ÉMETTRICE: NFB

TITRE: **Paternity Blues**
INDEX SUJET PRÉCIS: fatherhood. avoidance by husbands -
humorous treatment - stories
GENRE DE MATÉRIEL A/V: film
DESCRIPTION PHYSIQUE: 16 min.: sd., col.; 16 mm.
DATE DE PRODUCTION: 1983
ORGANISME PRODUCTEUR: Tanners Beach Productions
DESCRIPTION: A comedy drama about a young man who has been
married for four years, and who tries to avoid the ultimate
responsibility of becoming a father. (Five awards, including Toronto.)
GÉNÉRIQUE: director/script, John Podolak; producer, Kelly
King.
AGENCE ÉMETTRICE: NFB

TITRE: **The Rebellion of Young David**
INDEX SUJET PRÉCIS: widowers. interpersonal relationships
with sons. effects of bereavement - stories Canadian short stories
in English. Buckler, Ernest - film adaptations
GENRE DE MATÉRIEL A/V: film
DESCRIPTION PHYSIQUE: 23 min. 43 sec.: sd., col.; 16 mm.
DATE DE PRODUCTION: 1986
ORGANISME PRODUCTEUR: Atlantis Films Ltd. National
Film Board of Canada.
DISTRIBUTEUR: NFB
DESCRIPTION: A half-hour drama based on a short story by Ernest
Buckler about a young farmer called Art and his seven-year-old son,
David. David's mother has recently died and Art is having a difficult
time bringing the boy up by himself. An episode that leads to Art's
punishing David is painful for both of them, but it leads to a greater
understanding between them.
GÉNÉRIQUE: director/script, John N. Smith; producer, Marrin

Canell; Gillian Richardson; executive producer, Michael
MacMillan; Andy Thomson; associate producer, William
Weintraub; Seaton McLean; Janice Platt.
AGENCE ÉMETTRICE: NFB

TITRE: **The Three of Us**
INDEX SUJET PRÉCIS: parents. interpersonal relationships with
sons. married couples. interpersonal relationships
GENRE DE MATÉRIEL A/V: film
DESCRIPTION PHYSIQUE: 29 min.: sd., b&w; 16 mm.
DATE DE PRODUCTION: 1976
DISTRIBUTEUR: CFMDC
DESCRIPTION: A middle aged couple are interviewed about their
thirty years of marriage, their dreams, romance, values, youth, work.
Their son joins them at the end to talk about their relationship, to
recall old anger, to compare the differences and similarities in the
lives they have chosen to lead.
GÉNÉRIQUE: director, Richard Rowberry.
AGENCE ÉMETTRICE: NFB

TITRE: **Toby McTeague**
INDEX SUJET PRÉCIS: northern Quebec. adolescent sons.
interpersonal relationships with fathers. communication. problems
- adventure stories - feature films
GENRE DE MATÉRIEL A/V: film
DESCRIPTION PHYSIQUE: 95 min. 37 sec.: sd., col.; 35 mm.
DATE DE PRODUCTION: 1985
ORGANISME PRODUCTEUR: Filmline International Inc.
DISTRIBUTEUR: Cine 360 Inc., International Spectrafilm
Distributors Inc.
DESCRIPTION: Toby is 15. His mother has recently died and he
has difficulty communicating with his father, a bush pilot in the
Quebec North - and the Provincial Sled Dog Racing Champion.
Toby's life revolves around the 40 Alaskan huskies which his father
raises and trains, but romance intervenes with the arrival of Sara, a
strong-willed girl from the city. With the help of Sara, Toby

overcomes a series of set backs, including the tragic death of Lingo, their magnificent lead dog, and proves himself by a dramatic rescue of his father following a plane crash. In the film's exciting climax, Toby races in place of his injured father and wins the Provincial Championship. Based on a story by Jeff Maguire and Djordje Milicevic.
VERSIONS: Toby
GÉNÉRIQUE: director, Jean-Claude Lord; producer, Nicolas Clermont; executive producer, David J. Patterson; Pieter Kroonenburg.
AGENCE ÉMETTRICE: Cinema

TITRE: **Tribute**
INDEX SUJET PRÉCIS: fathers. interpersonal relationships with sons - stories - feature films
GENRE DE MATÉRIEL A/V: film
DESCRIPTION PHYSIQUE: 124 min. 22 sec.: sd., col.; 35 mm.
DATE DE PRODUCTION: 1980
ORGANISME PRODUCTEUR: Kudos Film Productions Ltd. Tiberius Productions.
DISTRIBUTEUR: Pan-Canadian
DESCRIPTION: A wise-cracking New York PR man refuses to confront the discovery that he has cancer. He continues his vacuous life of the party ways, succeeding in further alienating his estranged son. All is resolved in a final testimonial for the male lead.
VERSION FRANÇAISE: Un fils pour l'été
GÉNÉRIQUE: director, Bob Clark; producer, Joel B. Michaels; Garth H. Drabinsky; executive producer, Lawrence Turman.
AGENCE ÉMETTRICE: NFB

DISCOGRAPHIE
SOMMAIRE

Dubois, Claude
Belle famille
Colombia, 1980

Duteil, Yves
Les gens sans importance
Kébec disk, 1981

Duteil, Yves
Prendre un enfant dans ses bras
Capitol, 1977

Ferland, J.-P.
Moman ton fils passe un mauvais moment
Barclay, 1974

Ferland, J.-P.
La famille
Barclay

Gauthier, Claude
Chanson d'amour d'un gars marié
Presqu'île, 1975

Lelièvre, Sylvain
Moman est là
Presqu'île, 1979

Piché, Paul
P'tit galop
Kébec Disk, 1982

Reggiani, Serge
Les mensonges d'un père à son fils
Polydor, 1973

Renaud
En chacun
Polydor, 1985

Renaud
Morts les enfants
Polydor, 1985

Séguin, Richard
Su l'bord d'la track
A capella, 1980

SEXUALITÉ

PRÉSENTATION

Source de plaisir, de tendresse et d'échange, mais aussi de frustration, de pouvoir et parfois de violence, la sexualité des hommes reflète la condition masculine. Les rapports amoureux et sexuels des hommes connaîtraient-ils une évolution? Libération sexuelle, féminisme, masculinisme, éclatement du couple et de la famille versus montée du célibat, nouvelles technologies de reproduction, angoisse du sida, ont-ils de l'impact sur la sexualité d'aujourd'hui? Chose certaine, nous vivons une crise de valeurs. Le désir, la sexualité et l'amour sont redéfinis par les hommes et les femmes à mesure que leurs rôles sociosexuels évoluent dans une société pluraliste.

En moins de trente ans, nous avons assisté au déclin du mariage-à-vie, à l'ascension du célibat, à l'essor de la contraception, à la chute de la natalité, à l'envahissement de la pornographie et de la sexualité commerciale, à la recrudescence des MTS. Voilà maintenant que le spectre du sida vient mettre en question ce qu'on a appelé la révolution sexuelle. Fait sans précédent: les sondages annuels de la revue Maclean's sur la sexualité des Canadiens et Canadiennes enregistrent depuis 1984 une baisse du niveau d'activités sexuelles... Nous sommes à l'ère du sexe-à-risque. Jadis folklorique, le condom revient en force. Graduellement, la sexualité sans pénétration obligatoire fait des adeptes. Le sexe s'étendra-t-il finalement du pénis à tout le corps?

Tous les hommes ne désirent, n'aiment et ne jouissent pas de la même façon. La sexualité masculine, c'est une abstraction, voire un mythe. Il n'existe pas UNE sexualité masculine mais plutôt une infinité de fantasmes, de désirs et de comportements sexuels et amoureux. Non seulement la vie sexuelle diffère-t-elle d'un individu à un autre, mais encore elle évolue parfois considérablement chez une même

93

personne tout au long de son existence. Lieu de rencontre entre les modèles qui lui sont proposés socialement et son expérience personnelle dans tout ce qu'elle comporte d'aléatoire et de créativité, l'érotisme trahit-il l'homme?

Nous ne commençons qu'à connaître la sexualité humaine. Si nous comprenons mieux ses composantes physiologiques, une grande partie de ses mécanismes psychologiques et relationnels nous échappent encore. Le désir et l'amour jouant souvent un rôle de premier plan dans nos vies, nous avons tout à gagner à en découvrir les secrets. Nos secrets. Les références qui suivent sont une invitation à (re)penser la sexualité masculine. Pour concilier la tête, le sexe et le coeur de l'homme.

Michel Dorais

BIBLIOGRAPHIE

ALBERONI, Francesco, *L'érotisme*, Éditions Ramsay, Paris, 1987.

ALTMAN, Dennis, *Aids in the Mino of America*, Anchor Press, 1986.

ALTMAN, Dennis, *Homosexuel(le), oppression et libération*, Fayard, Paris, 1976.

ARON, Jean-Paul, KEMPF, Robert, *Le pénis et la démoralisation de l'Occident*, Grasset, coll. «Figures», Paris, 1978.

ASTRACHANYA, *How Men Feel*, Anchor Press, 1986.

BARRY, Kathleen, *L'esclavage sexuel de la femme*, Stock, Paris, 1982.

BASTIN, George, *Dictionnaire de la psychologie sexuelle*, Psychologie et sciences humaines, Bruxelles, 1970.

BATAILLE, Georges, *L'érotisme*, coll. «10/18», nᵒˢ 221 et 222, Paris, 1965.

BEAUDRILLARD, Jean, *De la séduction*, Éditions Galilée, Paris, 1979.

BEN, JELLOUN, TAHAR, *La plus haute des solitudes*, Seuil, coll. «Point», Paris, 1977.

BERNOS, Marcel *et al., Le fruit défendu*, Le Centurion, Paris, 1985.

BLUMSTEIN, P.W. et SCHWARTZ, P.S., "Bisexuality: Some Social Psychological Issue" in *Journal of Social Issues*, Vol. 33, No. 2, 1977.

——, *American Couples*, W. Morrow, New York, 1983.

BOLOGNE, Jean-Claude, *Histoire de la pudeur*, Éditions Olivier Orban, Paris, 1986.

BOUCHARD, Alain, *Le complexe des dupes*, Éditions Homeureux, Montréal, 1980.

BRAKE, M., *Human Sexual Relations: towards a Redefinition of Sexual Politics*, Penguin Books, 1982.

BRETON, André, *L'amour fou*, Gallimard, coll. «Folio», nᵒ 723, Paris, 1976.

BULLOUGH, L. Vern, "Sexual Variance", in *Society and History*, Ed. The Chicago University Press, Chicago, 1976.

CARRERA, M., *L'encyclopédie du sexe*, Solar, Paris, 1981.

CASANOVA, (Pseud. d'Andrée Berroff), *Les blessures d'Eros*, Balland, Paris, 1987.

CASTELAIN-MEUNIER, C., *Les hommes aujourd'hui*, Acropole, Paris, 1988.

CHEVERNY, Julien, *Sexologie de l'Occident*, Hachette, Paris, 1976.

CLÉMENT, Pierre-Paul, «Jean-Jacques Rousseau, de l'éros coupable à l'éros glorieux », *Langages*, La Baconnière, Neufchatel,1976.

COLLECTIF, «Sexualité occidentale», Revue *Communications*, n° 35, Éditions du Seuil, 1982.

COLLECTIF, *Anthologie de l'érotisme contemporain*, Éditions Olivier Orban, Paris, 1979.

COLLECTIF, *L'orgasme au masculin*, Aurore/l'Univers, Montréal, 1980.

COLLECTIF, *Sexologies, Perspectives actuelles*, Les Presses de l'Université du Québec, Montréal, 1978.

COLLECTIF, *Sexualité et politique*, coll. «10/18», n° 1123, Paris, 1977.

COLLECTIF, *La jouissance et la loi*, coll. «10/18», n° 1105, Paris, 1976.

COLLECTIF, *Le désir et la perversion*, Seuil, coll. «Le champ freudien», Paris, 1967.

COLLECTIF, *L'obscénité et la pornographie*, coll. «10/18», n°s 600, 601, Paris, 1971.

Conseil du statut de la femme, *Sortir la maternité du laboratoire*, Gouvernement du Québec, Éditeur officiel, 1988.

Contraception, Masculinité, Paternité, A.R.D.E.C.O.M., n° 2, Éditions Ardecom Les imprimeurs libres, 3e trimestre, Paris, 1980.

CORDELIER, Jeanne, *La dérobade*, Hachette,1976.

COUPRY, François, *Je suis lesbien*, Éditions Balland, Paris, 1978.

CRÉPAULT, Claude, *L'imaginaire érotique et ses secrets*, Presses de l'Université du Québec, Sillery, 1981.

D'EAUBONNE, Françoise, *Les femmes avant le patriarcat*, Éditions Payot, Paris, 1977.

D'EAUBONNE, Françoise, *Eros minoritaire*, André Balland, Paris, 1970.

DALLAYRAC, Dominique, *Dossier Prostitution*, Robert Laffont, Paris, France,1966.

DARMON, Pierre, *Le tribunal de l'impuissance*, Seuil, Paris, 1979.

DAVENPORT, William, "Sexual Patterns in Southwest Pacific", in *Analysis of Human Sexual Response*, André Deutsch, Londres, 1967.

DAVID, Christian, *L'état amoureux*, Petite bibliothèque Payot, n° 175, Paris, 1979.

DAVID, Deborah S., BRANNON, Robert, *The Forty-Nine Majority: the Male Sex Role*, Addison-Wesley Publ. Co., Reading MA, 1976.

DAVIS, S., MURRAY, *Smut - Erotic Reality Obscene Ideology*, The University of Chicago Press, Chicago, 1985.

DEGRES, Claude et Amory, Patrick, *Le grand jeu de la séduction*, Robert Laffont, Paris, 1986.

De KERORGUEN, Yan, *Le plaisir chaste*, Autrement, Paris, 1984.

DELAISI De PARSEVAL, Geneviève, *Les sexes de l'homme*, Le Seuil, Paris, 1981.

De ROUGEMONT, Denis, *L'amour et l'Occident*, coll. «10/18», n° 34, Paris, 1962.

DESJARDINS, Jean-Yves, *L'érotisme au masculin*, Héritage Plus, Montréal, 1980.

DESJARDINS, Jean-Yves, CRÉPAULT, Claude, *La complémentarité érotique*, Novacom, Ottawa, 1978.

DORAIS, Michel, «Pour une conception positive de l'homosexualité», *Revue québécoise de sexologie*, vol. 2, n° 1, Canada,1981.

DORAIS, Michel, *La sexualité plurielle*, Éditions Prétexte, Montréal, 1982.

DORAIS, Michel, *Les enfants de la prostitution*, V.L.B. éditeur, Montréal, 1987.

DORAIS, Michel, *L'homme désemparé*, V.L.B. éditeur, Montréal, 1988.

DUFRESNE, Jacques, *La reproduction humaine industrialisée*, Institut québécois de recherche sur la culture, coll. «Diagnostic», n° 2, Québec, 1986.

DUVERT, Tony, *Le bon sexe illustré*, Éditions de Minuit, Paris, 1976.

EVOLA, J., *Métaphysique du sexe*, Petite bibliothèque Payot, n° 272, Paris, 1976.

FABRE, Nicole, *Avant l'œdipe*, Éditions Masson, Paris,1979.

FINKIELKRAUT, Alain, BRUCKNER, Pascal, *Le nouveau désordre amoureux*, Seuil, Paris, 1977.

FIRESTONE, S., *La dialectique du sexe*, Éditions Stock, Paris, 1972.

FISHER, Helen, *La stratégie du sexe*, Calmann-Lévy, France, 1982.

FLANDRIN, Jean-Louis, *Le sexe et l'Occident*, Seuil, Paris, 1980.

FORD, C.S. et BEACH, F.A., *Le comportement sexuel chez l'homme et l'animal*, Robert Laffont, (éd. originale: Patterns of Sexual Behavior, Harper and Brothers, 1952), Paris, 1970.

FORNARI, Franco, *Sexualité et culture*, Presses universitaires de France, Paris, 1980.

FORWARD, Susan, *Ces hommes qui méprisent les femmes et les femmes qui les aiment*, Éditions de l'Homme, Montréal, 1987.

FOUCAULT, Michel, *Histoire de la sexualité 1, La volonté de savoir*, Éditions Gallimard, coll. «Bibliothèque des Histoires»,1976.

FOUCAULT, Michel, *Histoire de la sexualité 2, L'usage des plaisirs*, Éditions Gallimard, Paris, coll. «Bibliothèque des Histoires», 1984.

FOUCAULT, Michel, *Histoire de la sexualité 3, Le souci de soi*, Éditions Gallimard, Paris, coll. «Bibliothèque des Histoires», 1984.

FRIDAY, Nancy, *Les phantasmes masculins*, Éditions Robert Laffont, 1981.

GAGNON, John H., SIMON, William, *Sexual Conduct: The Social Sources of Human Sexuality*, Aldine, Chicago, 1973.

GAUTHIER, Xavière, *Dire nos sexualités*, Éditions Galilée, Paris, 1976.

GERAUD, Roger, *Le complot contre l'amour*, Éditions Robert Laffont, coll. «Réponses », Paris, 1978.

GILIBERT, Jean, *L'œdipe maniaque*, Payot, coll. «Science de l'homme», Paris, 1978.

GOFFMAN, Erving, *La mise en scène de la vie quotidienne, Tomes 1 et 2*, Éditions de Minuit, Paris, 1973.

GRENON, Hector, *Histoires d'amour de l'histoire du Québec*, Stanké, coll. «PF», Montréal,1980.

GUIRAUD, Pierre, *Dictionnaire érotique*, Payot, Paris, 1978.

GUIRAUD, Pierre, *Sémiologie de la sexualité*, Payot, Paris, 1978.

GUNTHER, Max, *Virility 8, A celebration of the American Male*, Playboy Press Book, Chicago, 1975.

HANS, Marie-France, LAPOUGE, Gilles, *Les femmes, la pornographie, l'érotisme*, Seuil, coll. «Libre à elles», Paris, 1978.

HEARN, Jeff et PARKIN, Wendy, *Sex and work*, Wheatsheaf Books, Brighton, 1987.

HENAFF, Marcel, *Sade, l'invention du corps libertin*, Presses universitaires de France, coll. «Croisée», Paris, 1978.

HENNING, Jean-Luc, *Les garçons de passe*, Éditions Libres Hallier, Paris, 1979.

HITE, Shere, *Le rapport Hite sur les hommes*, Robert Laffont, Paris, 1981.

HOM INFO, «Porno», vol. 5, n° 4, Montréal, 1985.

HOM INFO, «La sexualité des hommes», vol. 3, n° 1, hiver, Québec, 1982.

HUNT, M., *Sexual Behavior in the 1970's*, Dell Publishing Co., New York, 1974.

HUSTON, Nancy, *Jouer au papa et à l'amant, de l'amour des petites filles*, Éditions Ramsay, Paris,1979.

KEMPF, Robert, ARON, Jean-Paul, *Le pénis et la démoralisation de l'Occident*, Éditions Grasset, coll. «Figures», Paris, 1978.

KHAYAT, Jacqueline, «Les mutilations masculines», dans *Rites et mutilations sexuelles*, Guy Authier, Paris, 1977.

KINSEY, A. *et al.*, *Sexual Behavior in the Human Male*, W.B. Saunders, Philadelphie, 1948.

KINSEY, A. *et al.*, *Sexual Behavior in the Human Female*, W.B. Saunders, Philadelphie, 1953.

LASH, Christopher, *Le complexe de Narcisse*, Robert Lafont,1981.

LAWRENCE, D.H., *Eros et les chiens*, Éditions Christian Bourgois, Paris, 1969.

LEIGH, Wendy, *L'infidélité*, Éditions de l'Homme, Montréal, 1986.

LIEBOWITZ, M., *La Chimie de l'amour*, Éditions de l'Homme, 1984.

LIPS, H.M., COLWILL, N.L., *The Psychology of Sex Differences*, Prentice-Hall, Englewood Cliffs, 1978.

LLOYD, Robin, *Les garçons de la nuit*, Presses de la Cité, Paris, 1978

LO DUCA, J.M., *Histoire de l'érotisme*, La Jeune Parque éd., Paris, 1969.

LOWEN, Alexandre, *Amour et orgasme*, Éditions du Jour et Tchou, Montréal/Paris, 1977.

LYOTARD, Jean-François, *Économie libidinale*, Minuit, Paris, 1974.

MAERTENS, Jean-Thierry, *Ritologiques 2, Le corps sexionné*, Aubier, coll. «Étranges-Étrangers», Paris, 1978.

MAILER, Norman, *Prisonnier du sexe*, Éditions Robert Laffont, Paris, 1971.

MARANON, Gregorio, *Don Juan et le donjuanisme*, Gallimard, coll. «Idées», n° 132, Paris, 1967.

MARCUSE, Herbert, *Eros et civilisation*, Seuil, coll. «Points», n° 22, Paris, 1971.

MARIEL, Pierre, *Secte et sexe*, Éditions Dangles, coll. «Horizons ésotériques», Paris, 1978.

MASTERS, W. H., JOHNSON, V. E., *L'union par le plaisir*, Robert Laffont, 1975.

——, *Le cri d'alarme,* Le Pré-aux-Clercs, Paris, 1988.

——, *Les mésententes sexuelles et leur traitement*, Robert Laffont, Paris, 1971.

——, *Les perspectives sexuelles*, Éditions Medsi, Paris, 1980.

MAUPERTUIS, Alexandre, *Le sexe et le plaisir avant le christianisme*, Bibliothèque de l'irrationnel, Paris, 1977.

MAY, Rollo, *Amour et volonté*, Stock, Paris, 1971.

McDOUGALL, Joyce, *Plaidoyer pour une certaine anormalité*, Gallimard, Collection «Connaissance de l'inconscient», Paris, 1978.

MEAD, Margaret, *L'un et l'autre sexe*, Denoël/Gonthier, Paris, 1966.

METCALF, Andy, HUMPHRIES, Martin, *The Sexuality of Men*, Pluto Press, Londres, 1985.

MILLER, Henry, *L'obscénité et la loi de réflexion*, Eric Losfeld, Paris, 1971.

——, *Le monde du sexe*, Hachette, coll. «Livre de Poche» n° 3987, Paris, 1975.

MILLER, Russel, *Bunny: the Real Story of Playboy*, Éditions Corgi, 1985.

MONTAGU, Ashley, *La peau et le toucher*, Seuil, Paris, 1979.

MUSIOL, Marie-Jeanne, *L'autre œil*, Pleine Lune, Montréal, 1988.

NELLI, René, *L'érotisme des troubadours,* tomes 1 et 2, coll. «10/18», n°s 884 et 885, Paris, 1974.

OVIDE, *L'art d'aimer*, Gallimard, coll. «Folio» n° 532, Paris, 1974.

PACKARD, Vance, *Le sexe sauvage*, Calmann-Lévy, Paris, 1969.

PEELE, Stanton, *Love and Addiction*, Signet Book,1976.

PERREIN, Michèle, *Le mâle aimant*, Julliard, Paris, 1975.

PIERRET, Marc, *Utopies et perversions*, Éditions Debresse, coll. «Révolte», Paris, 1969.

PIETROPINTO, *Rapport sur la sexualité de l'homme*, Éditions Belfond, Paris, 1978.

PIUZE, Simone, *La vie intime des Québécois, amour, sexualité, spiritualité*, Stanké, Montréal, 1978.

POULIN, R. et CODERRE, C., *La violence pornographique*, Asticou, Hull, 1986.

POWYS, John Cowper, *Apologie des sens*, Hachette, coll. «Livre de Poche», n° 4912, Paris, 1977.

REICH, W., *La révolution sexuelle*, Éditions Christian Bourgois (édition originale: 1936 et 1949).

REICH, Wilhelm, *La fonction de l'orgasme*, Éditions de l'Arche, Paris, 1972.

REICH, Wilhelm, *La lutte sexuelle des jeunes*, Maspero, «Petite collection Maspero», n° 100, Paris, 1972.

REICH, Wilhelm, *La révolution sexuelle*, coll. «10/18», n°s 481-482, Paris, 1970.

REYNAUD, E., *La sainte virilité*, Syros, Paris, 1981.

RIBADEAU-DUMAS, François, *Le Marquis de Sade et la libération des sexes*, Jean Dullis Éditions, coll.«Histoire», Paris, 1974.

ROBERT, Jocelyne, *Pour jeunes seulement*, Éditions de l'Homme, 1988.

ROSZAK, T., *Vers une contre-culture*, Éditions Stock,1970.

SAVOIE, Roger, *Le philosophe chat ou les ruses du désir*, Quinze/ Prose exacte, Montréal, 1980.

SENNETT, R., *Les Tyrannies de l'intimité*, Éditions du Seuil, 1979.

SHAEVITZ, M.-H., *Couples en transit*, Éditions La Presse, Montréal, 1987.

SHERER, René, *Émile perverti*, Robert Laffont, Paris, 1974.

SIMONNOT, Philippe, *Le sexe et l'économie*, J.C. Lattès, Paris, 1985.

STOLLER, Robert, *Recherches sur l'identité sexuelle*, Gallimard, coll. «Connaissance de l'inconscient », Paris, 1979.

STOLLER, Robert, *L'excitation sexuelle*, Payot, Paris, 1984.

STREN, Mikhail, *La vie sexuelle en URSS*, Albin Michel, Paris, 1979.

Symposium international: enfance et sexualité, Actes du symposium international tenu à Montréal en septembre 1979, Éditions Études vivantes, Montréal/Paris, 1980.

SZASZ, Thomas, *Sexe sur ordonnance*, Hachette, 1981.

TALESE, Gay, *La femme du voisin*, Julliard, Paris, 1980.

TEXIER, Catherine, VÉZINA, Marie-Odile, *Profession: prostituée. Rapport sur la prostitution au Québec*, Libre Expression, Montréal, 1978.

TRIPP, C.A., *The Homosexual Matrix*, McGraw-Hill, New York, 1976.

VANGULIK, Robert, *La vie sexuelle dans la Chine ancienne*, Gallimard, Paris, 1971.

VAN USSEL, Jos, *Histoire de la répression sexuelle*, Éditions Robert Laffont, Paris, 1972.

VANEIGEM, Raoul, *Le livre des plaisirs*, Éditions Encre, coll. «L'atelier du possible», Paris, 1979.

VIAN, Boris, *Écrits pornographiques*, Christian Bourgois Éditeur, Paris, 1980.

VILAR, Esther, *Le sexe polygame*, Albin Michel, Paris, France,1976.

WEEKS, Jeffrey, *The Sexuality and its Discontents*, Ed. Routhledge and Kegan Paul, Londres, 1985.

WEINNINGER, Otto, *Sexe et caractère*, Éditions l'Age d'homme, Paris, 1975.

WEISTHEIMER, Ruth, *Votre sexualité*, Solar, France, 1985.

WOLFF, Charlotte, *Bisexualité*, Stock, Paris, 1981.

WOLTON, Dominique, *Le nouvel ordre sexuel*, Seuil, Paris, 1974.

ZAGDOUD, Roger, *Œdipe le garçon, la prohibition de l'inceste et la fonction paternelle*, Éditions Encre, Paris, 1979.

ZILBERGELD, Prof., *La sexualité masculine*, Éditions Ramsay, Paris, 1978.

FILMOGRAPHIE
FRANÇAISE

TITRE: **Maurice Maudit**
INDEX SUJET PRÉCIS: hommes. sexualité. problèmes - films par des artisans
GENRE DE MATÉRIEL A/V: film
DESCRIPTION PHYSIQUE: 29 min.: son, n. et b.; 16 mm.
DATE DE PRODUCTION: 1980
ORGANISME PRODUCTEUR: Kinord
DISTRIBUTEUR: Kinord
DESCRIPTION: L'action se passe dans un garage. Maurice rend visite à son meilleur ami, Louis. Tourmenté, Maurice lui annonce son mariage et lui avoue sa virginité. Louis tente de le conseiller, en lui suggérant de téléphoner à sa fiancée, puis en lui présentant une putain. Devant l'impuissance et les refus répétés de Maurice, Louis violente ce dernier et l'étrangle.
GÉNÉRIQUE: réalisateur/scénario, Gilles Carpentier; producteur, Louis Parent.
AGENCE ÉMETTRICE: ONF

TITRE: **T'étais belle, avant**
INDEX SUJET PRÉCIS: société contemporaine. hommes et femmes. comportement - exemples étudiés: cabarets - films par des artisans femmes. séduction - exemples étudiés: danseuses nues
GENRE DE MATÉRIEL A/V: film
DESCRIPTION PHYSIQUE: 48 min.: son, coul.; 16 mm.
DATE DE PRODUCTION: 1980
ORGANISME PRODUCTEUR: Les Productions de la Chouette
DESCRIPTION: Une analyse des rapports de séduction qui existent entre hommes et femmes par le biais d'une étude des comportements dans les cabarets où sont présentés des spectacles de danseuses nues.
GÉNÉRIQUE: réalisateur, Chantal Éthier; Réjean De Roy; producteur délégué, Georges Archambault.
AGENCE ÉMETTRICE: ONF

TITRE: **Mother's Meat Freud's Flesh**
INDEX SUJET PRÉCIS: mothers. interpersonal relationships with sons - stories - feature films
GENRE DE MATERIEL A/V: film
DESCRIPTION PHYSIQUE: 92 min. 19 sec.: sd., col.; 16 mm.
DATE DE PRODUCTION: 1984
ORGANISME PRODUCTEUR: East of the Acropolis Films
DISTRIBUTEUR: East of the Acropolis Films
DESCRIPTION: This film explores the resulting triangle of mother, psychiatrist and mother's boy. Demira is an actor in porno movies and the despondent son of a mother who smothers him with love. To get over his obsession of calling her up after every sexual encounter, Demira goes to a psychiatrist. Given his homosexual tendencies, the inevitable happens with the doctor. His mother Esther immediately arrives in town for a visit. She has visions of Hollywood for her son. The script written "just for him" does not exactly fulfill Demira's needs. Will he cut the umbilical cord?
VERSION FRANÇAISE: Viande de mère chair de Freud
GÉNÉRIQUE: director/executive producer/screenplay, Demetri Demetrios; producer, Louise Burns.
AGENCE ÉMETTRICE: cinema

TITRE: **Summer's Children**
INDEX SUJET PRÉCIS: brothers. love affairs with their sisters - stories - feature films
GENRE DE MATERIEL A/V: film
DESCRIPTION PHYSIQUE: 90 min.: sd., col.; 35 mm.
DATE DE PRODUCTION: 1978
ORGANISME PRODUCTEUR: Film Arts
DISTRIBUTEUR: New Cinema Limited

DESCRIPTION: Leaving the family farm and Jenny behind, Steve Lenton moves to the city and begins a new life for himself. Hearing Jenny is in town, he sets out to find her, discovering when he does that they are brother and sister.
AUTRES SUPPORTS: Available also in videocassette.
GÉNÉRIQUE: director, Julius Kohanyi; producer, Don Haig.
AGENCE ÉMETTRICE: NFB

DISCOGRAPHIE
SOMMAIRE

Charlebois, Robert
Tendresse - Amitié
Barclay, 1974

Clerc, Julien
Amis
Kébec Disk, 1976

Duteil, Yves
L'amitié
1974

Rivard, Michel
Le plus fou des deux
Capitol, 1979

Rivard, Michel
Jamais à la mode, jamais démodé
Capitol, 1979

Rivard, Michel
Pis qu'est-ce qu'on a gagné
Capitol, 1979

Séguin, Richard
Chanson pour durer toujours
A cappella, 1980

Séguin, Richard
Ballade à donner
Kébec Disk, 1985

SANTÉ ET
MALADIES-REFUGES

PRÉSENTATION

Lorsque l'on s'attarde à faire le bilan de santé collectif des hommes, on peut dresser rapidement un portrait spécifique: les hommes meurent en moyenne plus jeunes que les femmes. Ils se suicident davantage. Les maladies mentales sont globalement moins fréquentes, mais plus graves que chez les femmes. Les hommes sont davantage victimes d'accidents cardiovasculaires et de troubles broncho-pulmonaires. Ces données sont connues de tous, mais on s'est rarement penché sur l'origine de ces différences. Qu'y a-t-il de spécifique au fait d'être homme qui puisse en être responsable? Les déterminants sont-ils d'ordre culturel ou génétique ou les deux? L'épidémiologie aurait-elle si souvent oublié de considérer la spécificité des femmes dans sa méthodologie normalisante qu'elle a laissé dans l'ombre la spécificité masculine?

Quoiqu'il en soit, si les questions restent plus nombreuses que les réponses, notre médiagraphie ne pourra que refléter en partie cet état de fait. On y trouvera surtout des références touchant les toxicomanies qui ont également cette caractéristique de frapper davantage les hommes, au point où l'on y réfère pour ceux-ci comme à des «maladies-refuges».

Tout au long de l'histoire humaine, l'homme a développé un rapport privilégié avec l'alcool et les drogues. Pourquoi ces réalités ont-elles été et demeurent-elles encore largement une pratique masculine?

On est en droit de penser qu'à travers l'histoire, les hommes ont eu un accès plus facile à l'alcool que les femmes ainsi qu'une plus grande légitimité à en abuser, en raison de leur position privilégiée de mâles dans un contexte patriarcal. Mais la question est

111

plutôt de savoir ce qui caractérise une telle pratique de consommation, s'il existe des constantes au niveau de l'expérience masculine de l'alcool qui, au fil des années et à travers les cultures, permettent de mieux comprendre et de mieux interpréter la nature de cette «liaison particulière ».

C'est en ce sens que les pages qui suivent contribueront, nous l'espérons, au développement de la réflexion et de l'intervention sur ces «maladies-refuges».

Serge Simoneau
et
Jean-Pierre Simoneau

P.S.: Nous espérons lors de la prochaine réalisation du répertoire offrir davantage de références sur la question des suicides, des maladies physiques, etc.

BIBLIOGRAPHIE

1. *RENSEIGNEMENTS GÉNÉRAUX SUR LES DROGUES/ SENSIBILISATION*

ADDICTION RESEARCH FOUNDATION, *Renseignements sur les drogues*, Toronto, 1985.

BOUTOT, Bruno, *Les drogues: extases et dangers*, Montréal, Le Jour éditeur, 1982.

Santé et Bien-être Canada, *Les drogues: faits et méfaits*, Ministère des Approvisionnements et Services, Ottawa, 1983.

VALLEUR, Marc, DEBOURG, Alain, MATYSIAK, Jean-Claude, *La drogue sans poudre aux yeux*, Paris, Hachette, 1986.

WEIL, A., ROSEN, W., *Chocolate to Morphine: Understanding Mind-Active Drugs*, Houghton Co., Boston, 1983.

2. *EXPÉRIENCE DE LA DROGUE/ADOLESCENCE/ MODÈLES D'INTERVENTION*

Anonyme, *Moi Christiane F., 13 ans, droguée, prostituée*, Paris, Mercure de France, 1981.

Bureau consultation jeunesse et CÉCM, *Les drogues: des choix à faire (manuel d'information et guide d'animation)*, Montréal, 1984.

Ministère de l'Éducation, *Le phénomène-drogue et les jeunes*, Québec, Gouvernement du Québec, 1987.

PEELE, Stanton, *L'expérience de l'assuétude*, Montréal, Faculté de l'éducation permanente, Université de Montréal, 1982.

POISSANT, Irène, *Synthèse d'une recherche sur la consommation des drogues chez les jeunes du secondaire*, Montréal, CÉCM, 1984.

3. *HALLUCINOGÈNES/SPIRITUALITÉ/PSYCHOTHÉRAPIES*

BAILLY, J.-P., *Dossier LSD*, Belfond, 1974.

COLLECTIF, *Essai sur l'expérience hallucinogène*, Belfond, 1979.

DOBKIN DE RIOS, M., *The Wilderness of Mind*, Sage, 1976.

FURST, Peter, *La chair des dieux*, Seuil, 1974.

GROFT, Stanislas, *Realms of Human Unconscious*, Dutton, 1976.

INGLIS, Brian, *The Forbidden Game*, Coronet, 1977.

LEARY, Timothy, *La révolution cosmique*, Presses de la Renaissance, 1979.

LILLY, John, *Les simulacres de Dieu*, Retz, Paris, 1980.

TART, Charles T., *States of Consciousness*, Dutton, 1975.

4. PSYCHOPHARMACOLOGIE/NOUVELLES DROGUES

BEZOLD, Clement, *The Future of Pharmaceuticals: The Changing Environment of New Drugs*, John Wiley and Sons, New York, 1981.

BYLINSKI, Gene, "Future Drugs", in *Omni*, November, p. 131-170, 1978.

DENIKER, Pierre, *La psychopharmacologie*, Presses universitaires de France, Coll. «Que sais-je », Paris, 1968.

EVANS, W. et KLINE, N., *Psychotropic Drugs in the Year 2000*, Charles C. Thomas Publisher, Springfield, 1971.

HUXLEY, Aldous, "The Chemical Persuasion", Chapter 8 in *Brave New World Revisited*, Random House, New York, 1955.

KOESTLER, Arthur, *Janus*, Calmann-Lévy, Paris, 1979.

LENTIN, Jean-Pierre, «Dans notre cerveau, Dieu et la libido sont des produits chimiques », in *Actuel*, n° 27, janvier, p. 122-129, 1982.

LEWIN, Lewis, *Phantastica*, Payot, Paris, 1970.

5. TOXICOMANES ET TOXICOMANIES/TRAITEMENT

BEAUCHESNE, L. et LETOURNEAU, G., «L'abus des drogues chez les jeunes. Questions épistémologiques soulevées par une évaluation des modes de prévention et de traitement au Québec», in *Santé mentale au Québec*, vol. IX, n° 2, Montréal, p. 95-105, 1984.

BERGERET, J. et LEBLANC, J., *Précis de toxicomanies*, Masson/ Presses de l'Université de Montréal, Paris, 1984.

CORMIER, Dollard, *Toxicomanies: styles de vie*, Gaëtan Morin éditeur, Chicoutimi, 1984.

LANDES-FUSS, Marie-Gisèle, *Une baraque rouge et moche comme tout, à Venice, Amérique*, Gallimard, Paris, 1982.

LEDAIN, Gérard *et al.*, *Le traitement*, Ottawa, 1972.

NADEAU, L., «Les paradoxes de l'intervention auprès des toxicomanes», in *Psychotropes*, vol. 1, n° 3, p. 76-79, 1984.

OLIVENSTEIN, Claude, *La vie du toxicomane*, Presses universitaires de France, Coll. «Nodules», Paris, 1983.

6. ALCOOL ET MÉDICAMENTS

BOSQUET, Michel, «Médecine, Santé et Société», in *Écologie et Politique*, Seuil, Paris, p. 169-225, 1978.

BOZZINI, L. *et al.*, *Médecine et société: les années 80*, Éditions Saint-Martin, Montréal, 1981.

Conseil des affaires sociales et de la famille, *Médicaments ou potions magiques?*, Gouvernement du Québec, Québec, 1982.

COOPERSTOCK, R., et HILL, J, *Les effets de l'usage des tranquillisants: l'usage des benzodiazéphines au Canada*, Ministère des Approvisionnements et Services, Ottawa, 1982.

DE CLOSETS, François, «Le débat sur l'alcool», in *L'Express*, Paris, semaine du 14 novembre 1977, p. 88-98.

DUPUY, J.P., KARSENTY, S., *L'invasion pharmaceutique*, Seuil, Paris, 1974.

ILLICH, Yvan, *Nemesis médicale: l'expropriation de la santé*, Seuil, Paris, 1975.

NOVEMBER, Andras, *Les médicaments et le tiers-monde*, Éditions Pierre-Marcel Favre, Genève, 1981.

ROBILLARD, Guy, «La potion magique du sport québécois », in *L'Actualité*, avril 1980, p. 72-78.

Santé et Bien-être social Canada, *L'alcool au Canada: une perspective nationale*, Ministère des Approvisionnements et Services, Ottawa, 1984.

7. LÉGISLATIONS/MARCHÉ NOIR/DROGUES DE RUE

FATTAH, Ezzat A., «La peine est-elle une solution», in *Toxicomanies*, vol. 4, p. 147-163, 1971.

Gendarmerie royale du Canada, *Rapport annuel national sur les drogues 1985/1986*, Ottawa, 1986.

HELMER, John, *Drugs and Minority Oppression*, Seabury Press, New York, 1975.

HULSMAN, L. *et al.*, «Débat: la politique des drogues», in *Déviance et Société*, vol. 7, n° 3, p. 269-292, 1983.

KALANT, Harold, ORIANA, *Drogues, société et option personnelle*, Éditions La Presse, Montréal, 1973.

LAMOUR, C., LAMBERTI, M., *Les grandes manœuvres de l'opium*, Seuil, Paris, 1972.

LEDAIN, G., *et al*, *Rapport final de la commission d'enquête sur l'usage des drogues à des fins non médicales*, Ottawa, 1973.

MENARD, Serge, «Marijuana: un avocat en appelle», in *L'Actualité*, Montréal, décembre 1977, p. 76-81.

RASEN, Edward, "High-Tech Fascism", in *Penthouse*, New York, février 1980, p. 57-62.

RICO, José M., «Les législations sur les drogues. Origine et évolution», in *Psychotropes*, Montréal, vol. 3, n° 1, p. 69-83, 1986.

SZASZ, Thomas, *Les rituels de la drogue*, Payot, Paris, 1976.

8. ALCOOL ET CONDITION MASCULINE

BATESON, Gregory, «La cybernétique du "soi": une théorie de l'alcoolisme», in *Vers une écologie de l'esprit1*, Paris, Éditions du Seuil, p. 225-252, 1977.

BOURGEAULT, Marc, «Ami remplis mon verre», in *Hom-info*, vol. 4, n° 2, avril-mai-juin 1983, p. 12-15.

BREL, Jacques, «L'ivrogne» (1961), in *Œuvre intégrale*, Paris, Robert Laffont, p. 182-183, 1982.

BRISSON, Pierre, «L'illusion du pouvoir», in *Hom-info*, vol. 6, n° 1, p. 23-26, mars-avril 1985.

«Condition et dissidence masculines dans la crise du système patriarcal», in *Changer de société*, Montréal, Éditions Québec-Amérique, p. 165-182, 1983.

COSTA-MAGNA, Michèle, *Les femmes et l'alcool*, Paris, Denoël, 1982.

DURAND, Y., MORENON, J., *L'imaginaire de l'alcoolisme*, Paris, Éditions Universitaires, 1972.

EWEN, Stuart, «Le père: du patriarche à l'homme à gages», in *Consciences sous influence*, Paris, Aubier, 1983.

FALCONNET, G., LEFAUCHEUR, N., *La fabrication des mâles*, Paris, Éditions du Seuil, 1975.

FARIS, Don, «Coûts sociaux et économiques», in *Connaissances de base en matière de drogues*, n° 4, Ottawa, Groupe de travail fédéral-provincial sur les problèmes liés à l'alcool, 1979.

LEVINE, Harry G., "Temperance and women in the 19th century in United States", in O. J. Kalant (Ed.), *Alcohol and drug problems in women: research advances in alcohol and drug problems*, New York, Plenum Press, Vol. 5, 1980.

——, "The discovery of addiction: changing conceptions of habitual drunkenness in American history", *Journal of studies on alcohol*, Vol. 39, No. 1, 1978.

«Malcolm Lowry: vers une métaphysique de la toxicomanie», in *Psychotropes*, Montréal, vol. 2, n° 2, p. 59-62, 1985.

MARLATT, A. G., ROHSENOW, D. J., "Cognitive Process in Alcohol Use: Expectancy and the Balanced Placebo Design", in *Advance in Substance Abuse*, Vol. 1, 1980.

McCLELLAND, D., al, *The Drinking Man*, New York, Free Press, MacMillan, 1972.

McGREGOR, Betty, *Alcohol Consumption in Canada. Some preliminary findings of a National Survey in Nov. - Dec. 1976*, Ottawa, Direction de la promotion de la santé, Santé et Bien-être social Canada, 1978.

Ministère des Affaires sociales, *Politique de prévention des problèmes reliés à la consommation d'alcool*, Québec, février 1982.

NADEAU, L., MERCIER, C., BOURGEOIS, L., *Les femmes et l'alcool en Amérique du Nord et au Québec*, Montréal, Presses de l'Université du Québec, Monographie de psychologie, n° 2, 1984.

NADEAU, L., «Les femmes et leurs habitudes de consommation de drogues», *Santé mentale au Québec*, vol. 4, n° 2, novembre 1979.

PEELE, Stanton, *L'expérience de l'assuétude*, Montréal, Université de Montréal, Faculté de l'éducation permanente, 1982.

ROY, Laurent, *Le point sur les habitudes de vie: l'alcool*, Québec, Gouvernement du Québec, Conseil des affaires sociales et de la famille, 1985.

Santé et Bien-être Canada - Statistique Canada, *La santé des Canadiens. Rapport de l'enquête Santé Canada*, Catalogue 82-538F, Ottawa, Ministère des Approvisionnements et Services, 1981.

SEGUIN, R., POIRIER, A.C., *Le Menteur (1ère partie) - L'alcoolisme: la maladie*, Office national du film du Canada, 1978.

9. SUICIDE

AMERICAN ASSOCIATION OF SUICIDOLOGY, *Suicide and Life Threatening Behavior*, Guillford Press, Springfield Illinois.

ANCTIL, H et al., *Cahiers de recherche éthiques, les suicides*, Fides, Montréal, 1985.

BAECHLER, J., *Les suicides*, Paris, Calmann-Lévy, 1975.

CARPENTIER, Richard, *Le suicide rationnel: enjeux légaux, ethniques et sociaux*, Mémoire de maîtrise, Université du Québec à Rimouski (non publié), 1983.

CHARRON, Marie-France, *Le suicide au Québec*, Éditeur officiel du Québec, 1981.

CQEE, «En piste, apprentissages et socialisation», *Le suicide*, vol. 9, n° 1, mars 1986.

DURKHEIM, E., *Le suicide*, Paris, Presses universitaires de France, 1987.

FARBEROW, N.L., *The many faces of suicide*, McGraw-Hill, New York, 1980.

LAPLANTE, L., *Le suicide*, Institut québécois de recherche sur la culture éd., 1985.

MARIER, R., *Le suicide des hommes, Actes* du colloque «Intervention auprès des hommes», Montréal, UQAM, juin 1986.

MARIER, R., RAYMOND, S., *Données descriptives de la clientèle de Suicide-Action Montréal pour la période du 1ᵉʳ avril 1984 au 31 mars 1985*, Suicide-Action Montréal Éd., Montréal, 1985.

MORRISSETTE, Pierre, *Le suicide: démystification, intervention, prévention*, Pierre Morrissette et Centre de prévention du suicide inc. Éd., Québec, 1984.

Santé et Bien-être social Canada, *Le suicide au Canada*, Ottawa, 1987.

SCHNEIDMAN, E.S. et FARBEROW, N.L., *Clues to suicide*, New York, McGraw-Hill, 1957.

Suicide-Action Montréal, *Rapport annuel 1987-1988*, Suicide-Action Montréal Éd., 1988.

10. MORTALITÉ

Mortalité, hospitalisation, principaux facteurs de risque: sommaire 1970-1977, Gouvernement du Québec, Ministère des Affaires sociales, Québec, 1977.

EL-BADRY, M. A., «Higher Female than Male Mortality in Some Countries of South Asia», in *Journal of the American Statistical Association*, 1969.

EYER, J., STERLING, P., «Organisation sociale, stress et surmortalité», in Bozzini L. Éd., *Médecine et société: les années 80*, Éditions Saint-Martin, Montréal, 1981.

KARLIN, Daniel, LAINE, Tony, *La mort du Père et autres récits du fils*, Éd. Universitaires, Paris, 1983.

MISHARA, B. L., RIEDEL, R. G., *Le vieillissement*, Presses universitaires de France, Paris, 1984.

PRESTON, S., WEED, J, *Les causes de décès responsables des variations par pays et dans le temps des différences de mortalité par sexe*, World Health Statistics Report, 1976.

VERBRUGGE, L., *Recent Trends in Sex Mortality Differentials in the United States*, Women and Health, 1980.

WALDREN, I., "Why do women live longer than men?", in *Journal of Human Stress*, 1976.

11. ÉPIDÉMIOLOGIE

Service des études épidémiologiques, Gouvernement du Québec, Ministère des Affaires sociales, Environnement et Cancer Québec, 1978.

FILMOGRAPHIE
FRANÇAISE

TITRE: **1980: Un certain malaise**
INDEX SUJET PRÉCIS: Montréal. société contemporaine.
hommes. problèmes existentiels - films de fiction - films par des
étudiants
GENRE DE MATÉRIEL A/V: film
DESCRIPTION PHYSIQUE: 15 min.: son, coul.; 16 mm.
DATE DE PRODUCTION: 1980
ORGANISME PRODUCTEUR: Université du Québec à Montréal
DISTRIBUTEUR: Université du Québec à Montréal
DESCRIPTION: La peur et l'angoisse d'un individu qui vit à
Montréal en 1980.
GÉNÉRIQUE: réalisateur, Michel Murray.
AGENCE ÉMETTRICE: ONF

TITRE: **Jouer sa santé**
INDEX SUJET PRÉCIS: hommes, 40 ans. santé reliée à la
pratique des sports - exemples étudiés: hockey
GENRE DE MATÉRIEL A/V: film
DESCRIPTION PHYSIQUE: 28 min.: son, coul.; 16 mm.
DATE DE PRODUCTION: 1984
ORGANISME PRODUCTEUR: Les Productions de la Chasse-
Galerie
DISTRIBUTEUR: Les Films du Crépuscule
DESCRIPTION: Le temps d'une partie de hockey-détente, les joueurs
questionnent la pertinence de leur activité physique en fonction d'un
but: la santé.
GÉNÉRIQUE: réalisateur/scénario, Michel Lemieux; producteur
exécutif/son, Alain Corneau.
AGENCE ÉMETTRICE: Cinéma

TITRE: **Une journée en taxi**
INDEX SUJET PRÉCIS: taxi. chauffeurs de taxi . amitié avec les prisonniers - longs métrages de fiction hommes. relations interpersonnelles. problèmes - longs métrages de fiction
GENRE DE MATÉRIEL A/V: film
DESCRIPTION PHYSIQUE: 84 min.: son, coul.; 35 mm.
DATE DE PRODUCTION: 1981
ORGANISME PRODUCTEUR: Les Productions Vidéofilms Ltée. Renn Productions
DISTRIBUTEUR: Ciné 360 inc.
DESCRIPTION: Libéré de prison pour vingt-quatre heures, Johnny n'a qu'une idée en tête, se venger et ensuite, se suicider. Dès sa sortie de prison, il saute dans un taxi et se réserve les services du chauffeur pour la journée. Il devient d'abord agressif envers le chauffeur, Michel, mais petit à petit un courant de sympathie s'établit entre les deux hommes. Johnny est incapable d'exécuter sa vengeance et de réussir son suicide. Il provoque alors Michel afin qu'il exécute la besogne à sa place. Mais celui-ci refuse. Hors de lui, Johnny l'assomme pour le conduire aussitôt à l'hôpital. Ils se réconcilient autour d'un bon repas et croient en l'espoir d'une amitié.
GÉNÉRIQUE: réalisateur, Robert Ménard; producteur délégué, Joseph F. Beaubien.
AGENCE ÉMETTRICE: ONF

TITRE: **Richard Cardinal - Cry From a Diary of a Metis Child**
INDEX SUJET PRÉCIS: Alberta. foster children: Metis boys: Cardinal, Richard. suicide
GENRE DE MATERIEL A/V: film
DESCRIPTION PHYSIQUE: 29 min. 10 sec.: sd., col.; 16 mm.
DATE DE PRODUCTION: 1986
ORGANISME PRODUCTEUR: National Film Board of Canada
DISTRIBUTEUR: NFB
DESCRIPTION: A moving tribute to Richard Cardinal, a Metis adolescent who committed suicide in 1984. He had been taken from his home at age four because of family problems, and spent the rest of his seventeen short years moving in and out of twenty-eight foster homes, group homes and shelters in Alberta. A sensitive, articulate young man, Richard Cardinal left behind a diary upon which this film is based (Award: San Francisco).
GÉNÉRIQUE: director/script, Alanis Obomsawin; producer, Alanis Obomsawin; Marrin Canell; Robert Verrall; executive producer, Andy Thomson.
AGENCE ÉMETTRICE: NFB

L'ALCOOL ET LES HOMMES DANS LES CHANSONS

1. Lève ton verre (Famille Soucy)....3:12

La consommation d'alcool est une affaire d'appartenance masculine: les hommes sont capables d'en prendre, les femmes pas.

«..il est des nôtres..;
...elle n'est pas des nôtres...»

2. D'la bière on en boira(Famille Soucy)....2:04

Destin triste que la bière vient égayer: boire, c'est drôle, rigolo. Allusions à la mère et à la blonde. Célébration de l'abus

«...d'la bière on en boira, tant qui n'aura...»

3. Y'a tu d'la bière icitte? (Famille Soucy)....2:35

Beuveries mixtes sous leadership des hommes: les femmes font les back vocals dans un ton qui rappelle les folies bergères.

«...si y'a pas d'bière icitte, on s'en va toutte d'icitte...»

4. Le bon vin m'endort (Famille Soucy)....2:43

Chanson folklorique sur l'alcool et l'amour. L'homme exalté par l'alcool veut rejoindre sa belle: rivalité avec un autre homme et affirmation ultime du pouvoir par la paternité biologique.

«...j'aperçois rival assis auprès d'elle
...je lui dis "galant, retire-toi d'elle"
...tu n'auras jamais ce que j'ai eu d'elle
...j'ai eu deux enfants, c'est moi qui en est le père...»

5. La table ronde (?)....2:49

Condition masculine: argent-alcool-sexe.

«...un homme sans argent est un corps sans âme
il n'y a que l'argent qui nous fait divertir
l'argent nous fait vider bouteille
et l'esprit du vin nous fait chanter
mais quand je suis à la table ronde
et ma catin sur mes genoux
dans une main je tiens mon verre
et de l'autre, qu'en pensez-vous?...»

6. Pour boire il faut vendre (André Lejeune)...3:32

Incantation de l'alcoolique et progression sexuelle (strip-tease): vers la transe collective alcool - sexe. Allusions à la mère et à la blonde.

«...je l'ai vendu, argent reçu, j'ai eu cinq sous, ai pris un coup...»

7. La bière (Jacques Brel)....3:08

Exaltation des effets de l'alcool dans une progression épique: le pays, les hommes, les femmes et l'amour charnel.

«...ça sent la bière, Dieu qu'on est bien...

8. Je bois (Boris Vian)....3:21

Blues cynique de l'alcoolique suicidaire: fuite des problèmes liés à la femme.

«...la vie vaut-t-elle d'être vécue l'amour vaut-il d'être cocu..»

9. Je suis saoul (Claude Nougaro)....3:13

Peine d'amour traitée avec humour: séduction cabotine et solidarité masculine

«...je suis saoul, saoul ... sous ton balcon
comme Roméo...»

10. Question d'équilibre (Francis Cabrel)....3:45

Recours à l'alcool pour oublier la solitude, le manque d'une femme, la peine d'amour.

«...je ne vois que toi dans les grandes glaces
entre les bouteilles de Southern Comfort..»

11. Hymne à la bière (Clémence Desrochers)....2:39

Caricature des hommes (québécois) qui boivent: références et parodies d'annonces publicitaires.

«...on est six millions faut s'parler

le problème, c'est d'articuler..»

12. Qu'il était triste cet Anglais (Edith Piaf)....4:10

Réaction maternelle et compatissante de la femme face à l'homme qui noie dans l'alcool une peine d'amour.

«...qu'il était triste cet Anglais seul, immobile et muet..»

13. Le champagne est froid (Ginette Ravel)....2:14

La femme se saoule pour s'abandonner à l'amour de l'homme.

«...serait-ce le vin
ou ton jeu de main..»

14. L'absinthe (Barbara)....3:45

Regard sur l'expérience masculine de l'alcool (Rimbaud et Verlaine) que la femme désire et à laquelle elle accède finalement.

«...pour faire des poèmes on ne boit pas de l'eau
...que je voudrais connaître ces alcools d'or
...voilà que je m'enivre, je suis ton bâteau ivre..»

15. L'ivrogne (Jacques Brel)....3:25

L'alcool qui engourdit le mal-être masculin en procurant cette sensation illusoire de pouvoir s'en sortir.

«...ami, remplis mon verre
encore un et je va
encore un et je vais
non, je ne pleure pas
je chante et je suis gai
mais j'ai mal d'être moi..»

VIOLENCE

PRÉSENTATION

La violence est l'intention d'utiliser la force physique ou verbale comme solution à une situation conflictuelle avec d'autres ou encore avec soi-même. La violence est en soi une action dévastatrice qui se manifeste sous quatre formes:

- Psychologique (émotionnelle)
- Verbale
- Physique
- Sexuelle

Ce sont d'abord les femmes qui, en se regroupant, ont contesté ce pouvoir de l'homme. Victimes de ce pouvoir, laissées à elles-mêmes, n'ayant d'autres choix

- que de se réfugier pour échapper à cette violence
- que de soigner les conséquences immédiates
- que de se donner le support et l'accompagnement nécessaires pour traverser de telles situations

...

QUE DE RÉAGIR

Les actions réalisées par ces divers regroupements de femmes intervenant sur les effets immédiats de la violence nous amènent depuis peu à nous interroger également et à juste titre sur les causes de ces comportements.

- Pourquoi les hommes sont-ils capables de comportements violents?
- Pourquoi sont-ils incapables de les maîtriser?

- Qu'est-ce que l'homme dit lorsqu'il utilise la violence?

- Qu'est-ce qu'il ne dit pas?

À la suite des actions menées par ces femmes, des hommes, parallèlement, commencent tout juste à se regrouper à leur tour pour se questionner et tenter de trouver des explications de leur violence et dégager des mécanismes qui leur permettraient de mettre un terme à leur comportement violent.

Sans prétendre que les informations contenues dans les pages suivantes puissent répondre à toutes les questions posées, nous souhaitons tout au moins qu'elles contribuent au développement d'une concertation des femmes et des hommes impliqués dans cette problématique tant au niveau des effets que des causes.

Claude Langlois
et
Jean-Pierre Simoneau

BIBLIOGRAPHIE

Association des directeurs d'école de la Commission scolaire des Mille-Iles, *Guide pour analyser et canaliser la violence*, 1986.

BROWNING, James, *Mettre un terme à la violence conjugale: programmes canadiens de traitement des agresseurs*, Santé et Bien-être social Canada, Ottawa,1984.

BRUNET, Laurent, *Avant-projet d'intervention sur la violence masculine conjugale dans le Québec métro*, Le collectif de Québec contre la violence d'hommes, Québec, miméographié, 1984.

BUCKLEY, L. B., MILLER, D., ROLFE, T. A., "A Windsor Model", *Social Work With Groups*, Vol. 6, fall-winter, 1983.

CARRIER, Micheline, MICHAUD, Monique, *La violence faite aux femmes en milieu conjugal: le produit d'une société sexiste*, Secrétariat d'État, Ottawa, 1982.

COOPER, I., FARLEY, D., DOUCET, A., *Portrait médical des hommes ayant un problème de violence familiale*, Université McGill, Clinique de psychiatrie légale, Montréal, 1981.

——, *Portrait clinique des batteurs de femmes*, (traduction), miméographié, 1981.

CURRIE, David W, "A Toronto Model", *Social Work with Groups,* Vol. 6, fall-winter, 1983.

DELGATY, Kie, "Group Work with Men who Batter", *Le travailleur social*, vol. 51, n° 2,1983.

DUPUIS, Jacqueline, *Document de travail pour un programme de prévention de la violence*, Hôpital général de Montréal, Montréal, 1983.

EDDY, M. J., MYERS, T., *Helping Men Who Batter: A Profile of Programs in the U.S.*, Prepared for the Texas Departement of Human Resources, 1984.

EGLEY, Lance C., *A Shelter-based Group Counseling Plan for Men Who Batter*, Madison, Wisconsin, miméographié, 1981.

EWING, Wayne, LINDSAY, Michael, POMERANZ, Jay, *Battering:*

An Amend Manual for Helpers, Amend, Denver, Colorado, 1984.

FINN, Jerry, "The Stresses and Coping Behaviour of Battered Women", *Journal of Contemporary Social Work*, June,1985.

GONDOLF, E. W., *Men Who Batter: An Integrated Approach for Stopping Wife Abuse*, Learning Publications Inc., Florida,1985.

HOM INFO, «Les héritiers de la violence », *Hom Info*, vol. 5, n° 2, Numéro spécial sur la violence des hommes, 1984.

LAROUCHE, Ginette, *Guide d'intervention auprès des femmes violentées*, Corporation des travailleurs sociaux du Québec, Montréal,1985.

LE FEUVRE, Joan, *Nouveau départ...*, YMCA du Canada (416-593-9886), traduction de *Fresh Start*,1985.

LINDSAY, Jocelyn, «La violence entre conjoints: exemple d'un service de consultation pour homme », *Intervention*, n° 70, décembre, 1984.

MAGILL, J., WERK, A., «A Treatment Model for Marital Violence», *Le travailleur social*, vol. 53, n° 2, été,1985.

MARTIN, G. M., MESSIER, C., *L'enfance maltraitée: ça existe aussi au Québec*, cahier de recherche, Comité de la protection de la jeunesse, Ministère de la Justice, Gouvernement du Québec, 1981.

Politique d'aide aux femmes violentées, Ministère des Affaires sociales, Québec, 1985.

Politique d'intervention en matière de violence conjugale, Ministère de la Justice, Québec, 1986.

PURDY, Frances, NICKLE, Norman, «Principes à la base de la pratique pour aider les hommes violents », Centre national d'information sur la violence dans la famille, Santé et Bien-être social Canada, traduction française, *Social Work With Groups*, Vol. 4, fall-winter, 1981.

ROBERTS, Albert R., *Battered women and their families - Intervention strategies and treatment programs*, Springer Publishing Company, 1984.

RONDEAU, Gilles, *La violence des hommes sur leur partenaire féminin: causes et modèles d'intervention*, miméographié,1984.

ROY, Maria, *The Abusive Partner: An Analysis of Domestic Battering*, Van Nostrand Reinhold Company, New York, 1982.

SINCLAIR, Deborah, *Pour comprendre le problème des femmes battues. Guide de formation pour les conseillers et les intervenants*, (416-965-6015 Librairie du gouvernement de l'Ontario), Ontario,1986.

STAR, B., "Pattern of Family Violence", *Social Casework: The Journal of Contemporary Social Work*, Vol. 61, No. 6, June 1980.

STAR, Barbara, *Helping the Abuser: Intervening Effectively in Family Violence*, Family Service Association of America, New York, 1983.

INCESTE ET VIOLENCE SEXUELLE

Code Criminel et Lois connexes, Ministère de la Justice du Canada, vol. XVIII, n° C.C. 34, 73-74, (art. 150), Canada.

Loi sur les jeunes délinquants, Statuts du Canada, C. 160 (art 133), Canada, 1972.

Incest, Confronting the Silent Crime, Minnesota Department of Corrections, Minnesota Program for Victims of Sexual Assault, St.Paul Minnesota, 1979.

Bureau de consultation jeunesse, *Un lourd secret: l'inceste* (dépliant), Montréal, 1981.

AJURIAGUERRA, J., «Les enfants victimes d'agression dans le cadre social et familial», in *Manuel de Psychiatrie de l'enfant*, Paris, Masson, 1970.

Association des CSS du Québec, *Les états de danger et la loi sur la protection de la jeunesse*, Association des Centres de services sociaux du Québec, Montréal, 1980.

Association des CSS du Québec, *Recueil documentaire sur la problématique des enfants victimes de négligence, de mauvais traitements physiques ou d'abus sexuel*, Association des Centres de services sociaux du Québec, Montréal, 1980.

AWAD, George A., "Father Son Incest: a case report", *The Journal*

133

of Nervous and Mental Disease, Vol. 162, No. 2, États-Unis, 1976.

BARSETTI, Ian *et al.*, *Protocole d'intervention sociojudiciaire en matière d'abus et d'inceste*, région de l'Outaouais, 1984.

BELTRAMI, E., COUTURE, N., GAGNÉ, F., «Pédophilie homosexuelle incestueuse et non incestueuse au Québec », *La Sexualité au Québec*, Dupras, A. et Lévy J. (sous presse).

BELTRAMI, E., COUTURE, N., GAGNÉ, F., «Abus sexuels d'enfants: inceste père-fils comparé à la pédophilie homo-sexuelle», in *Symposium Enfance et Sexualité, Actes* du Symposium international, Éd. Vivantes, Montréal/Paris, 1980.

BERRY, G.W., "Incest: Some Clinical Variations on a Classical Theme", in *Journal of the American Academy of Psychoanalysis*, Vol. 1, No. 3, 1975.

BESHAROW, Douglas J., *The vulnerable social worker: Liability for serving children and families*, S A S W, Silver Springs, Maryland, 1985.

BIGRAS J., *et al*, «En deçà et au-delà de l'inceste chez l'adolescente», in *Revue de l'Association des psychiatres du Canada*, vol. II, nº 3, 1976.

BLACKHOUSE, Constance, COHEN, Leah, *The Secret oppression sexual harassment of working women*, The MacMillan Company of Canada Limited, Ontario, 1978.

BRANCH, K., LAPP J., MOHR, C., *Sexual Abuse of Children. Implication for Treatment*, Child Protection Division, The American Humane Association, Englewood, Colorado, 1980.

BRANT, S.T., TISZA, V.B., "The Sexually Misused Child", in *American Journal of Orthopsychiatry*, janvier 1977.

BROWN, S., "Clinical Illustrations of the Sexual Misuses of Girls", in *Child Welfare*, Vol. LVIII, No. 7, 1979.

BROWNE, Angela, FINKELHOR, David, *Impact of child sexual abuse: a review of the research*, Centre national d'information sur la violence dans la famille, Ottawa, 1986.

BROWNING, D.H., BOATMAN, B., "Incest: Children at Risk", in *American Journal of Psychiatry*, No. 134, 1977.

BURGESS, Ann W., GROTH, A. Nicholas, HOLMSTROM, Lynda

L., SGROI, Suzanne M., *Sexual assault of children and adolescents*, Lexington Books, Massachusetts 1978.

BUTLER, Sandra, *Conspiracy of Silence: The Trauma of Incest*, Volcano Press, San Francisco, California, 1978.

CARLSON N., RIEBEL, J., *Family Sexual Abuse: A Resource Manual for Humane Service Professionnals*, Vol. 1, Program in Human Sexuality, Department of Family and Community Health, Medical School, University of Minnesota, Minneapolis, 1978.

CARNES, Patrick, *The sexual addiction: Out of the shadows*, Minnesota Compcare Publication, Minneapolis, Minnesota, 1983.

CLOUTIER, Lise, «L'inceste ordinaire», in *Châtelaine*, septembre 1984.

Comité de la protection de la jeunesse, *Commentaire et recommandation du Comité de la protection de la jeunesse relativement aux infractions sexuelles à l'égard des enfants et des jeunes*, miméographié.

Comité de la protection de la jeunesse, *La protection sociale des enfants victimes d'abus sexuels*, Ministère de la Justice, Gouvernement du Québec, 1984.

Comité sur les infractions sexuelles à l'égard des enfants et des jeunes, *Infractions d'ordre sexuel contre des enfants au Canada*, Rapport Badgley, Centre d'édition du gouvernement du Canada, Ottawa, vol. 1, n°11, sommaire, 1984.

COOPER, D.K., "Decriminalization of Incest: New Legal - Clinical Responses", in EEKELAAR, J.M., SANFORD, N.K., *Family Violence, an International and Interdisciplinary Study*, Butterworths, Toronto, 1978.

CORMIER, B., BOGOPOLSKY, Y., «Vie sexuelle des enfants et des adultes: continuité et rencontre», in *Association des centres de services sociaux du Québec, Les états de danger et la Loi sur la protection de la jeunesse*, Montréal, 1980.

CORMIER, B., KENNEDY, M., SANGOWICZ, J., «La psychodynamique de l'inceste entre père et fille», traduction, in *Canadian Psychiatric Association Journal*, Vol. 7, No. 5, 1962.

CSSMM, *Bilan de la prise en charge par les BSS des cas de protection de la jeunesse*, Direction des Bureaux des services sociaux, Centre de services sociaux du Montréal métropolitain, juillet, 1980.

CSSMM, *Programme de formation à l'intention des praticiens et superviseurs intervenant auprès des enfants en besoin de protection sociale ou légale*, vol. 1, 11, 111, miméographié, 1983.

DAUGHERLY, Lynn B., RACINE, *Why me? Help for victims of child sexual abuse (Even if they are adults now)*, Mother Courage Press, 1984.

DE FRANCIS, V., *Protecting the Child of Sex Crime Committed by Adults*, Children's Division, The American Humane Association, Denver, Colorado, 1965.

DIXON, Katherine N., ARNOLD, Eugene L., CALESTRO, Kenneth, "Father Son Incest: underreported Psychiatric Problem?", in *American Journal of Psychiatry*, Vol. 135, No. 7, July 1978.

EEKELAAR, J.M., SANFORD, N.K., *Family Violence, an International and Interdisciplinary Study*, Butterworths, Toronto, 1978.

FALCONER, Nancy E., SWIFT, Karen, *Preparing for Practice: The Fundamentals of Child Protection*, Children's Aid Society of Metropolitan Toronto, Toronto, 1983.

FOON, Dennis, KNIGHT, Brenda, *Am I the Only One?*, Douglas and McIntyre, Vancouver, British Columbia, (ouvrage pour enfants: programme de prévention), 1965.

FOUCAULT, Pierre, «Conséquences psychologiques d'un inceste», *Revue québécoise de psychologie,* vol. 1, n° I et II, 1980.

GARIÉPY, C., *De l'inceste père-fille chez des sujets pré-pubères*, Thèse de maîtrise, Département de psychologie, Université de Montréal, Montréal, 1976.

GEBHARD, P. J. *et al.*, *Sex Offenders: An Analysis of Types*, Harper and Row, New York, 1965.

GIARD, Marie, «Bilan d'une expérience de groupe auprès des adultes victimes d'abus sexuel dans leur enfance», *Intervention*, n° 75, octobre 1986.

GIARD, Marie *et al.*, «Programme de traitement de l'inceste selon

Giaretto: bilan d'une expérience d'un an au BSS Laval», *Intervention*, n° 72, septembre, 1985.

GIARETTO, H., "Humanistic Treatment of Father-Daughter Incest", in HELFER, R.E., KEMPE, C. H., *Child Abuse and Neglect: The Family and The Community*, Ballinger Publishers, Michigan State University, Michigan, 1976.

GIARETTO, H., "The Treatment of Father-Daughter Incest: a Psycho-Social Approach", in *Children Today*, Vol. 5, No. 4, 1976.

GIARETTO, H., "A Comprehensive Child Sexual Abuse Treatment Program", in MRAZEK, P. B., KEMPE, C. H., *Sexually Abused Children and Their Families*, Pergamon Press, Oxford,1981.

GIARETTO, H., *Integrated Treatment of Child Sexual Abuse: A Treatment and Training Manual*, Science and Behavior Books Inc., Palo Alto, California,1982.

GIGEROFF, A. K. *et al.*, "Research Report Incest", in *Law Reform Commission of Canada and Clarke Institute of Psychiatry, Sexual Offenses Under The Criminal Code of Canada*, Research Project, Ottawa, 1975.

GIJSEGHEM, H.V., *L'inceste père-fille. Étude exploratoire*, Document CPJ, Comité de la protection de la jeunesse, Montréal, 1975.

GIL, Eliana, *Outgrowing the pain: A book for and about adults abused as children*, San Francisco Launch Press, San Francisco, 1983.

Groupe de travail sur l'inceste dans l'Outaouais, *Le protocole d'intervention socio-judiciaire en matière d'abus sexuels et d'inceste*, Comité de la protection de la jeunesse, Outaouais, 1984.

GUTHEIL, T.C., AVERY, N. C., "Multiple Overt Incest as Family Defense against Loss", in *Family Process*, March 1977.

HALLIDAY, Laurel, *The violent sex Male psychobiology and the evolution of consciousness*, Blue Stocking Books, Guerneville, United States, 1978.

HENDERSON, D. J., "Incest", in FREEDMAN, A.M., KAPLAN, H. I., SADOCK, B. J., *Comprehensive Textbook of Psychiatry*,

Vol. 2, 2nd Edition, Williams and Wilkins, Baltimore, Maryland, 1975.

HERMAN, Judith Lewis, *Father Daughter Incest*, Harvard University Press, Cambridge, Massachusetts, 1981.

HINDMAN, Jan, NOVAK, Tom, *A very touching book*, McClure-Hindman Book, Durkee, Oregon, 1983.

HOUDE, M.-C., *L'inceste père-fille: étiologie, traitement, prévention. Étude thématique*, École de service social, Université de Montréal, Montréal, 1982.

ICEF, *ICEF-Parents, United Daughter and Sons United: Child Sexual Abuse Treatment Training Program*, ICEF, San Jose, California, miméographié, 1983.

JACOBSON, V., "Observations on the Longterm Effects of Incest on the Women", in CARLSON, N., RIEBEL, J., *Family Sexual Abuse: a Resource Manual for Humane Service Professionals*, Vol. 1, Program in Human Sexuality, Department of Family Practice and Community Health, Medical School, University of Minnesota, Minneapolis, Minnesota, 1978.

JAMES, Beverley, NASJLETI, Maria, *Treating Sexually Abused Children and their Families Consulting*, Psychologists Press Inc., Palo Alto, California, 1983.

JENKINS, J. L., SALUS, M. K., TAGIURI, G. L., *Child Protective Services: A Guide for Workers*, U.S. Department of Health, Education and Welfare, Washington, New York, 1979.

JEWETT, Claudia L., *Helping children cope with separation and loss*, The Harvard Common Press, Harvard, Massachusetts, 1982.

KARPE, Mark A., STRAUSS, Eric, S., *Family evaluation*, Gardner Press, New York, 1983.

KAUFMAN, I., PECK, A., TAGIURI, C., "The Family Constellation and Overt Incestuous Relations Between Father and Daughter", in *American Journal of Orthopsychiatry*, No. 24, 1954.

KEMPE, Henry C., "Sexual Abuse, Another Pediatric Problem", in *Pediatrics*, Vol. 62, No. 3, 1978.

KENNEDEY, M., CORMIER, B., "Father-Daughter Incest -

Treatment of the Family", Laval Médical, vol. 40, novembre 1969.

KROTH, Jerome A., *Child Sexual Abuse*, Charles C. Thomas Publisher, Springfield, Illinois, 1979.

KUBO, S., "Researches and Studies Costs in Japan", in *Hiroshima Journal of Medical Sciences*, No. 8, 1959.

LAMONTAGNE, Y., LACERTE-LAMONTAGNE, C., *L'attentat sexuel contre les enfants*, Éditions La Presse, Montréal, 1977.

LANGSLEY, Donald G., SCHWARTZ, Michael N., "Father Son Incest", Comprehensive Psychiatry, Vol. 9, No. 3, May, 1968.

LAURIN, Lucie, VOGHEL, Johanne, *Viol et brutalité (tout ça pour un peu de pouvoir)*, éditions Québec-Amérique, Montréal,1983.

LEBEAU, Thomas, BENOIT, Denis *et al.*, *Rapport sur le programme de traitement des enfants abusés sexuellement*, CSSLL Repentigny, mars 1984.

LEMAY, J.-B., HUARD, L., LACROIX, J., *Le traitement de l'inceste père-fille dans l'Outaouais*, Comité de la protection de la jeunesse, Montréal, 1981.

LEMIEUX M., PELLETIER, R., «Avantages pour les enfants d'une approche non judiciaire et familiale dans les cas d'abus sexuels», in *Actes du Symposium: Enfance et Sexualité*, tenu à Montréal en septembre 1979, éditions Études vivantes, Montréal/Paris, 1980.

LEMIEUX, M., «Approche systémique de l'inceste», in *Le Médecin du Québec*, vol. 4, n° 9, Québec,1978.

LEMIEUX, Michel, «L'inceste: un défi surmontable», in *Convergence*, vol. 1, n° 5, Montréal,1981.

LUSTIG, D. *et al.*, "Incest: A Family Survival Group Pattern", in *Archives of General Psychiatry*, Vol. XIV, January 1966.

MacFARLANE, Kee, WATERMAN, Jill, *Sexual abuse of young children: Evaluation and Treatment*, Lexington Books,1982.

MacNARON, Tony A. H., MOGAN, Yarrow, *Voices in the Night: Women Speaking about Incest*, Cleis Press, Pittsburgh, Pennsylvania, 1982.

MAISCH, H., *Incest*, Stein and Day, New York, New York, 1972.

MALTZ, W., HOLMAN, B., *Incest and Sexuality, A guide to understanding and healing*, Lexington Books.

MAROIS, M.-R., MESSIER, C., PERREAULT, L.-A., *L'inceste: une histoire à trois et plus*, Comité de la protection de la jeunesse, Montréal, 1982.

MAROIS, M.-R., PERREAULT, L., «L'intervention sociale auprès des enfants maltraités, une pratique à repenser?», *Études et Recherches*, cahier 2, Comité de la protection de la jeunesse, Ministère de la Justice, Gouvernement du Québec, Montréal,1981.

MASTERS, R.E.L., *Patterns on Incest*, Julian Press, New York, New York, 1963.

MAYER, Adèle, *Incest: A Treatment Manual for Therapy with Victims Spouses and Offenders*, Learning Publication Inc., Holmes Beach, Florida, 1983.

McGOVERN, Kevin, *Alice doesn't babysit anymore*, McGovern & Mulbacker, Portland, Oregon, 1985.

MEISELMAN, K.C., *Incest, A Psychological Study of Causes and Effects with Treatment Recommendations*, Jossey-Bass Publishers, San Francisco, 1978.

MESSIER, C., De CHAMPLAIN, J., *La protection sociale des enfants victimes d'abus sexuels*, Comité de la protection de la jeunesse, Montréal, 1984.

MESSIER, C., *Le traitement des cas d'inceste père-fille: une pratique difficile*, Comité de la protection de la jeunesse, Montréal, 1986.

MOLNAR, G., CAMERON, P., "Incest Syndromes: Observations in a General Hospital Psychiatric Unit", in *Canadian Psychiatric Association Journal*, No. 20,1975.

MRAZEK, P. B., KEMPE, C. H., *Sexually Abused Children and their Families*, Pergamon Press, Oxford,1981.

NASJLETI, Maria, "Suffering in Silence: The Male Incest Victim", in *Child Welfare*, Vol. 59, No. 5, May 1980.

NICOLOFF, Maria, *Document de référence et d'orientation concernant les enfants abusés sexuellement*, Département de santé publique, CSSMM, miméographié,1984.

NIELSEN, Terryan, "Sexual Abuse of Boys: Current Perspective", in *Personnel and Guidance Journal*, Vol. 62, No. 3, November,1980.

O'BRIEN, Shirley, *Child pornography*, Kendall/Hune Publishing Co., Dubuque Iowa,1983.

OKLANDER, Violet, *Windows to our children*, Real People Press.

PEIGNE, J. P. L., «L'inceste: problèmes posés et point de vue d'un juge», in EEKELAAR, J. M., SANFORD, N. K., *Family Violence, an International and Interdisciplinary Study*, Butterworths, 1978.

PLANNED PARENTHOOD, *How to talk with your child about sexuality: A Parent's Guide*, Doubleday, New York, New York, 1986.

RAYBIN, James B., "Homosexual Incest", *The Journal of Nervous and Mental Disease*, Vol. 148, No. 2, February, 1969.

RIOUX-GOUGEON, BOULAIS, Jean-François, *Développement d'une approche intégrée sociale et judiciaire en matière d'abus sexuel et établissement d'un protocole de coopération entre les divers niveaux d'intervention*, Comité de la protection de la jeunesse, Montréal, 1984.

ROSS, D., "Child Sexual Abuse Treatment Program", in *Criminal Justice Digest*, Vol. 3, No. 10, October, 1975.

RUSH, F., *Le secret le mieux gardé: l'exploitation sexuelle des enfants*, Gonthier, Paris, 1980.

RUSH, F., *The Sexual Abuse of Children: A Feminist Point of View*, Know Inc., Pittsburg, Pennsylvania, 1971 (texte d'une conférence).

SANFORD, Linda T., *The silent children: A parent's guide to the prevention of child sexual abuse*, McGraw-Hill, New York, 1980.

SARLES, R. M., "Incest", in *Pediatric Clinics of North America*, Vol. 2, No. 3, 1975.

SCHLESINGER, Benjamin, *Sexual Abuse of Children: A Resource Guide and Annotated Bibliography*, University of Toronto Press, Toronto, 1982.

SEGHORN, T. K., BOUCHER, R. J., "Sexual Abuse in Childhood as a Factor in Adult Sexually Dangerous Criminal Offenses", in *Symposium Enfance et Sexualité, Actes* du Symposium international, Éd. Vivantes, Montréal/Paris, 1980.

SGROI, Suzanne M., *L'agression sexuelle et l'enfant: approche et thérapies*, éditions du Trécarré, Saint-Laurent, Québec, traduction française de *Handbook of Clinical Intervention in Child Sexual Abuse*, Lexington Books, Lexington, Massachusetts, 1985.

SHOWERS, Jacy, FABER, Edward D., JOSEPH, Jack A., OSHINS, Linda, JOHNSON, Charles F., "The Sexual Victimization of Boys: A Three survey", *Health Values: Achieving High Level Wellness*, Vol. 7, No. 4, July-August, 1983.

SHULTZ-LEROY, G., "The Sexual Abuse of Children and Minors: A Bibliography", in *Child Welfare*, Vol. LVIII, No. 3, March, 1979.

SLOANE, P., KARPINSKI, E., "Effects of Incest on the Participants", in *American Journal of Orthopsychiatry*, No. 12, 1942.

SOL-GORDON, Judith, *A better safe than sorry book: a family guide for sexual assault prevention*, Ed-U Press, Fayetteville, New York, 1984.

SPENCER, J., "Father-Daughter Incest: A Clinical View from the Corrections Fields", in *Child Welfare*, novembre, 1978.

TORMES, Y., *Child Victims of Incest*, Children's Division, The American Humane Association, Denver, Colorado, 1968.

WALTERS, David R., *Physical and Sexual Abuse of Children, Causes and Treatment*, Indiana University Press, Bloomington, Indiana, 1975.

WEINBERG, S. K., *Incest Behavior*, Citadel Press, New York, New York, 1955.

WIEDERHOLT, C., *A Psycho-Dynamic View on Sex Crime and its Implication on Treatment*, Congrès mondial de sexologie, Rome, 1977.

WILKINS, J., BÉRARD-GIASSON, M., GAGNÉ, R., RIVARD, G., FRAPPIER, J.-Y., «Les assauts sexuels chez les enfants et adolescents, étude de 125 cas», *L'Union médicale*, tome 108, n° 11, novembre 1979.

ZAPHIRIS, Alexander, *Colloque sur l'inceste, Les abus sexuels et l'exploitation sexuelle* (document de travail) Direction de la protection de la jeunesse, Centre des services sociaux du Montréal métropolitain, 1981.

ENFANCE MALTRAITÉE

DELTAGIA, Liliane, *Les enfants maltraités*, Les éditions ESF, Paris, 1979.

DESCHNER, J., *The Hitting Habit: Anger Control for Battering Couples*, The Free Press, New York, New York, 1984.

MESSIER, C., MARTIN, G., «L'enfance maltraitée ça existe aussi au Québec », *Études et Recherches*, cahier 1, Comité de la protection de la jeunesse, Ministère de la Justice, Gouvernement du Québec, Montréal, 1981.

POLANSKY, N., DESAIX, C., SHARLIN, S. A., *Child Neglect: Understanding and Reaching the Parent*, Child Welfare League of America Inc., New York, New York, 1977.

PRESSMAN, B., *Family Violence: Origins and Treatment*, Office for Educational Practice, University of Guelph, Guelph, Ontario, 1984.

SAUNDERS, Daniel G., "Helping Beating, A View of the Marital Dyad", *Social Casework: The Journal of Contemporary Social Work*, June, 1984.

WEITZMAN J., DREEN, K., "Wife Husbands, Who Batters", *Social Casework: The Journal of Contemporary Social Work*, May, 1982.

FILMOGRAPHIE FRANÇAISE

TITRE: **Rien qu'un jeu**
INDEX SUJET PRÉCIS: pères. relations interpersonnelles avec les filles - thèmes traités: inceste - traitement dramatique - longs métrages de fiction inceste. victimes: fillettes - longs métrages de fiction
GENRE DE MATÉRIEL A/V: film
DESCRIPTION PHYSIQUE: 88 min.: son, coul.; 35 mm.
DATE DE PRODUCTION: 1983
ORGANISME PRODUCTEUR: Ciné-Groupe J.P. inc.
DISTRIBUTEUR: Les Films Astral
DESCRIPTION: Catherine et sa soeur Julie passent leurs vacances d'été au bord de la mer. Catherine éprouve un malaise persistant dès qu'elle est en présence de son père. Car il y a cinq ans, André a noué avec elle une relation incestueuse qui lui pèse. La honte et la peur l'empêchent de se confier à sa mère. Devant ses refus répétés, André se rapproche de Julie. Un jour la mère les surprend en flagrant délit. Isolée, étouffée par le huis clos qu'est devenue sa famille, Catherine se réfugie dans le silence.
GÉNÉRIQUE: réalisatrice, Brigitte Sauriol; producteur, Jacques Pettigrew.
AGENCE ÉMETTRICE: ONF

TITRE: **Fallait que ça change**
INDEX SUJET PRÉCIS: violence familiale. hommes violents. services sociaux: thérapies
GENRE DE MATÉRIEL A/V: film
DESCRIPTION PHYSIQUE: 27 min. 52 s: son, coul.; 16 mm.
DATE DE PRODUCTION: 1986
ORGANISME PRODUCTEUR: Office national du film du Canada

DISTRIBUTEUR: ONF

DESCRIPTION: Le film vise à faire reconnaître la nécessité d'une concertation entre les personnes qui travaillent auprès des femmes victimes de violence conjugale. La gravité des blessures infligées à ces dernières les oblige souvent à avoir recours aux services d'urgence des hôpitaux. Or, comme l'agresseur, en l'occurrence le mari ou le conjoint, accompagne fréquemment sa victime, les femmes ont tendance à cacher l'origine de leurs «maux»; elles hésitent encore davantage à recourir à la police dans un système judiciaire qui impose des sentences dérisoires aux coupables. Le document insiste sur une solution: combattre le mal à sa source en amenant les hommes à suivre une thérapie. Au terme de celle-ci, ils devraient considérer la violence comme inacceptable et devraient être en mesure de la contrôler.

VERSION ANGLAISE: Moving On

GÉNÉRIQUE: réalisatrice, Tina Horne; producteur, Tina Horne; Gerry Rogers; productrice déléguée, Kathleen Shannon.

AGENCE ÉMETTRICE: ONF

TITRE: **Le Lys cassé**

INDEX SUJET PRÉCIS: pères. relations interpersonnelles avec les filles - thèmes traités: inceste - traitement dramatique - films de fiction

GENRE DE MATÉRIEL A/V: film

DESCRIPTION PHYSIQUE: 48 min.: son, coul.; 16 mm.

DATE DE PRODUCTION: 1986

ORGANISME PRODUCTEUR: Nanouk Films ltée

DISTRIBUTEUR: Cinéma Libre

DESCRIPTION: Un an après la mort de son père, Marielle, 29 ans, a beaucoup changé. Elle meuble son quotidien de solitude, d'alcool et de laisser-aller. Sa mère et son frère sont impuissants devant une telle attitude qui les déconcerte. Progressivement, le voile se lève: de toute évidence, Marielle est en butte à un lourd passé. Quel affreux et inacceptable silence pendant toutes ces années d'abus! Et que dire de cette complicité tacite, jamais reconnue! Et l'amour, et la tendresse et l'écoute qui viennent si tard, si tard, alors que tout le mal possible a été fait, qu'il a tout brisé.

GÉNÉRIQUE: réalisateur, André Melançon; producteur, Michel Brault; productrice déléguée, Anouk Brault.

AGENCE ÉMETTRICE: Cinéma

TITRE: **Les Bons Sentiments**

INDEX SUJET PRÉCIS: familles. rôle des pères - expériences personnelles

GENRE DE MATÉRIEL A/V: vidéo

DESCRIPTION PHYSIQUE: 1 vidéocassette, 28 min.: son, coul.; 3/4 po.

DATE DE PRODUCTION: 1982

ORGANISME PRODUCTEUR: Société de radio-télévision du Québec. Télé-Capitale.

DISTRIBUTEUR: Société de radio-télévision du Québec

DESCRIPTION: Réflexions et témoignages de quelques hommes, pères de famille, sur leur rôle dans la famille, et les modifications qu'ils pourraient y apporter.

GÉNÉRIQUE: réalisateur, Yvon Lalande.

AGENCE ÉMETTRICE: Cinéma

TITRE: **Shifting Gears**
INDEX SUJET PRÉCIS: battered wives. husbands - dramatizations
GENRE DE MATÉRIEL A/V: film
DESCRIPTION PHYSIQUE: 13 min.: sd., col.; 16 mm.
DATE DE PRODUCTION: 1981
ORGANISME PRODUCTEUR: O.D.N. Productions Inc.
DISTRIBUTEUR: NFB, Mobius International
DESCRIPTION: A hard-hitting drama about wife battering, shown from a man's perspective. Buddy, once a wife beater himself, knows that his best friend and neighbor, P.K., is abusing his own spouse. Even though it means risking their close relationship, Buddy confronts P.K. This short film proposes another dimension to male friendship and suggests how men can help one another come to terms with their aggression. This film deals with a sensitive subject. It is strongly recommended that it be previewed before it is shown to an audience.
TITRE DE SERIE: Spouse Abuse Prevention
AGENCE ÉMETTRICE: NFB

TITRE: **To Have and To Hold**
INDEX SUJET PRÉCIS: battered wives. husbands. counseling
GENRE DE MATÉRIEL A/V: film
DESCRIPTION PHYSIQUE: 20 min.: sd., col.; 16 mm.
DATE DE PRODUCTION: 1982
ORGANISME PRODUCTEUR: New Day Films
DISTRIBUTEUR: NFB, Mobius International
DESCRIPTION: A documentary about men who batter women. In this film, men who have used physical violence as a means of controlling or dominating their wives or lovers discuss why they inflicted injury on those nearest to them. Through counseling they are learning to come to terms with the reality of their behavior and

to acknowledge that they are the ones responsible for domestic violence. This film deals with a sensitive subject. It is strongly recommended that it be previewed before it is shown to an audience.
GÉNÉRIQUE: producer, Mark Lipman.
AGENCE ÉMETTRICE: NFB

TITRE: **Up the Creek**
INDEX SUJET PRÉCIS: wives. assault by husbands. legal aspects - dramatizations battered wives. husbands - dramatizations
GENRE DE MATÉRIEL A/V: film
DESCRIPTION PHYSIQUE: 15 min.: sd., col.; 16 mm.
DATE DE PRODUCTION: 1981
ORGANISME PRODUCTEUR: O.D.N. Productions Inc.
DISTRIBUTEUR: NFB, Mobius International
DESCRIPTION: A film about the repercussions of wife battering, from the husband's point of view. Tommy Howell is alone after having beaten his wife. She has left him and filed a complaint. This dramatization explores the isolation and regret Tommy feels at the loss of his wife and children, and makes it clear that what Tommy dismisses as "just a little shoving and a couple of slaps" constitutes a criminal offence — assault. This film deals with a sensitive subject. It is strongly recommended that it be previewed before it is shown to an audience.
TITRE DE SERIE: Spouse Abuse Prevention
AGENCE ÉMETTRICE: NFB

TITRE: **W Is for Wife Abuse**
INDEX SUJET PRÉCIS: Canada. wives. assault by husbands
GENRE DE MATÉRIEL A/V: film
DESCRIPTION PHYSIQUE: 8 min.: sd., col.; 16 mm.
DATE DE PRODUCTION: 1979
ORGANISME PRODUCTEUR: University of Toronto, The Media Centre
DISTRIBUTEUR: University of Toronto, The Media Centre
DESCRIPTION: The film examines wife abuse in Canada, discussing social class, childhood conditioning and abused and abuser attitudes

about themselves as factors influencing abuse. Comments on the inadequacy of present Canadian law to deal with wife abuse.
GÉNÉRIQUE: director/producer, Maxine Hemrend.
AGENCE ÉMETTRICE: NFB

TITRE: **In Need of Special Attention**
INDEX SUJET PRÉCIS: wives. assault by husbands. intervention by hospital emergency medical personnel
GENRE DE MATÉRIEL A/V: film
DESCRIPTION PHYSIQUE: 17 min.: sd., col.; 16 mm.
DATE DE PRODUCTION: 1981
ORGANISME PRODUCTEUR: O.D.N. Productions
DISTRIBUTEUR: NFB, Mobius International
DESCRIPTION: Women who have been physically or emotionally battered by their spouses are often fearful and ashamed to talk to anyone about their problem. This short docu-drama, filmed in a hospital emergency department, presents two very different cases of domestic violence to show how trained professionals are recognizing and intervening, with support and counseling, when they suspect possible abuse. By showing that they care, these medical and mental health workers, usually the victim's first contact following a crisis, can act as a catalyst in alleviating the physical and emotional pain and encourage her to take steps to protect herself. This film deals with a sensitive subject. It is recommended that it be previewed before showing it to an audience.
AGENCE ÉMETTRICE: NFB

TITRE: **A Family Affair**
INDEX SUJET PRÉCIS: wives. assault by husbands. legal aspects - dramatizations
GENRE DE MATÉRIEL A/V: film
DESCRIPTION PHYSIQUE: 26 min.: sd., col.; 16 mm.
DATE DE PRODUCTION: 1981
ORGANISME PRODUCTEUR: Suzan Shadburne Productions
DISTRIBUTEUR: NFB, International Tele-Film Enterprises
DESCRIPTION: This drama about wife battering highlights the role

of the justice system in family violence. Throughout her marriage, Phyllis had been physically abused by her husband, Jim, but, when the episodes increased and in an alcoholic rage he threatened to kill her, a frightened Phyllis called the police. Although re-assured of social and legal support, Phyllis was initially reluctant to file assault charges against Jim. However, with the counseling of her lawyer and other law professionals, she realized that court action was the only way to stop the cycle of violence. In convicting and sentencing Jim, the trial judge pointed out that assault, no matter who is involved, is a criminal offence, and that Jim must bear the responsibility for his behavior. This film deals with a sensitive subject. It is recommended that it be previewed before showing it to an audience. AGENCE ÉMETTRICE: NFB

TITRE: **Battered Women: Violence Behind Closed Doors**
INDEX SUJET PRÉCIS: battered wives . husbands
GENRE DE MATÉRIEL A/V: film
DESCRIPTION PHYSIQUE: 25 min.: sd., col.; 16 mm.
DATE DE PRODUCTION: 1977
DISTRIBUTEUR: Magic Lantern Film Distributors
DESCRIPTION: What are the dynamics that turn a relationship from love and respect into fear and fisticuffs? What causes a man to turn his frustrations against the woman he once honored and wished to protect? And why does a woman tolerate the abuse? In group discussions and individual interviews, women reveal how getting beaten up can almost become an accepted part of married life. Interviews with men show how a number of prevalent attitudes towards women in our society contribute to cases of wife beating. AGENCE ÉMETTRICE: NFB

TITRE: **Deck the Halls**
INDEX SUJET PRÉCIS: battered wives. husbands - dramatizations - for self-help groups battered wives. husbands. treatment
GENRE DE MATÉRIEL A/V: film
DESCRIPTION PHYSIQUE: 20 min.: sd., col.; 16 mm.
DATE DE PRODUCTION: 1982

ORGANISME PRODUCTEUR: ODN Productions
DISTRIBUTEUR: Mobius International
DESCRIPTION: A film that men's therapy and mutual help groups will find useful, it features a dramatic portrait of domestic violence from the man's perspective. Al Greensboro, an aspiring business executive with a "perfect" family releases his frustrations by battering his wife. The film reveals the tension underlying Al's violent behavior and shows its destructive effect on the family.
TITRE DE SÉRIE: Spouse Abuse Prevention
AGENCE ÉMETTRICE: NFB

TITRE: **Management of Domestic Violence**
INDEX SUJET PRÉCIS: wives. assault by husbands. intervention by emergency medical technicians & police - training films
GENRE DE MATÉRIEL A/V: video
DESCRIPTION PHYSIQUE: 1 cassette, 17 min.: sd., col.; 3/4 in.
DATE DE PRODUCTION: 1983
ORGANISME PRODUCTEUR: Polymorph Films
DISTRIBUTEUR: Canadian Learning Company Inc.
DESCRIPTION: Two emergency medical technicians and the police respond to a domestic violence report. They illustrate the skills of safety gaining entry into the home, identifying when an emergency is life-threatening, establishing rapport and supportive interviewing techniques in dealing with the abused woman and her husband, and negotiating transport. Team work between the two medics and the police is stressed. The tape addresses the feelings and prejudices of professionals dealing with family violence.
AGENCE ÉMETTRICE: NFB

TITRE: **Battered Wives**
INDEX SUJET PRÉCIS: battered wives - dramatizations wives. assault by husbands. role of alcohol - dramatizations
GENRE DE MATÉRIEL A/V: film
DESCRIPTION PHYSIQUE: 45 min.: sd., col.; 16 mm.
DATE DE PRODUCTION: 1979
ORGANISME PRODUCTEUR: Henry Jaffe Enterprises

DISTRIBUTEUR: Marlin Motion Pictures
DESCRIPTION: This story focuses on two very different marriages. In one, the wife of an ambitious young lawyer becomes an easy target for her impatient repressive husband. The other couple discovers that alcohol is a catalyst that turns their happy marriage into an inferno which threatens their children. Complex human emotions of love, fear and shame emerge in this powerful drama which points the way to help.
AUTRES SUPPORTS: Available also in videocassette.
AGENCE ÉMETTRICE: NFB

TITRE: **A Rule of Thumb**
INDEX SUJET PRÉCIS: wives. assault by husbands. attitudes of society. influence of media
GENRE DE MATÉRIEL A/V: video
DESCRIPTION PHYSIQUE: 1 cassette, 25 min.: sd., col.
DATE DE PRODUCTION: 1977
DISTRIBUTEUR: IDERA Films
DESCRIPTION: This program challenges an age-old practice which allowed a husband to whip his wife. The theme is that society still gives approval to men's physical domination over women. The commentary, supported by the personal story of a battered wife, is intercut with excerpts from "love" comics, soap operas, magazine articles and advertisements that show the media's influence in perpetuating the belief that it is acceptable for women to be beaten.
GÉNÉRIQUE: producer, Peg Campbell.
AGENCE ÉMETTRICE: NFB

TITRE: **No Place to Hide**
INDEX SUJET PRÉCIS: battered wives. husbands. counseling battered wives
GENRE DE MATÉRIEL A/V: video
DESCRIPTION PHYSIQUE: 1 cassette, 57 min 55 sec.: sd., col.; 3/4 in.
DATE DE PRODUCTION: 1985
ORGANISME PRODUCTEUR: CTV Television Network Ltd.

DISTRIBUTEUR: CTV Television Network Ltd.
DESCRIPTION: In this program, Isabel Bassett examines situations where women have been abused physically, sexually and emotionally. She talks to the husbands who batter their wives and to the children who are caught in the crossfire of these violent domestic conflicts. While doctors and other professionals explain about the treatment available to male batterers, the program also surveys the legal and social options available to victims.
AUTRES SUPPORTS: Available also in 1/2" VHS and 1/2" Beta videocassettes.
GÉNÉRIQUE: director, Les Kottler; producer, Alan Stransman.
AGENCE ÉMETTRICE: NFB

TITRE: **Wife Assault Videotape**
INDEX SUJET PRÉCIS: wives. assault by husbands - for professional personnel
GENRE DE MATÉRIEL A/V: video
DESCRIPTION PHYSIQUE: 1 cassette, 40 min.: sd., col.; 3/4 in.
ORGANISME PRODUCTEUR: Justice Institute of British Columbia. British Columbia. Ministry of Attorney General. Canada. Solicitor General Canada.
DISTRIBUTEUR: British Columbia, Ministry of Attorney General
DESCRIPTION: A videotape concerning wife assault produced primarily for justice system professionals, people working with community agencies and others working with victims and offenders.
AUTRES SUPPORTS: Available also in 1/2" videocassette.
AGENCE ÉMETTRICE: NFB

DISCOGRAPHIE
SOMMAIRE

...Il y en a déjà trop !

AUTRES RÉPERTOIRES

ÊTRE HOMME

Men's Groups, Towards a National Listing
Glebe New Men's Group,
23, Morris Street
Ottawa (Ontario)
K1S 4A7
(613) 633-7376

Le guide gai du Québec
Alain Bouchard
Les éditions Homeureux
Québec
5ᵉ édition, 1988

PATERNITÉ ET FAMILLE

Qu'il est difficile d'aimer
La Fédération des unions des familles inc. (FUF)
890, boul. René-Lévesque, bureau 2320
Montréal (Québec)
H2L 2L4
(514) 288-5712

National Congress for Men 1987 Directory
C.O.P.E.
68 Deering St.
Portlana, ME
04101, U.S.A.
(207) 775-0258, 7 $ US

Où faire garder nos enfants?,
Office des services de garde à l'enfance
201, place Charles-Lemoyne, 3ᵉ étage
Longueuil (Québec) J4K 2T5
(514) 670-0920

Présidente: Stella Guy

Répertoire des programmes d'aide à la jeunesse
Gouvernement du Québec
Secrétariat à la jeunesse
875, avenue Grande Allée Est, 3ᵉ étage
Québec (Québec)
G1R 4Y8
(418) 643-8864
François Houle
Distribué gratuitement aux intervenants en milieu jeunesse

RÉPERTOIRES GÉNÉRAUX

Le petit catalogue des productions du BCJ
Fondation jeunesse 2000
420, rue Saint-Paul Est
Montréal (Québec)
H2Y 1H4
(514) 844-1737

Répertoire des groupes de femmes du Québec, 1987-1988
Conseil du statut de la femme,
Gouvernement du Québec
Québec
Distribué gratuitement et prioritairement aux groupes
1-800-463-2851

Répertoire des services communautaires du Grand Montréal
Centre de référence du Grand Montréal
1800, boul. René-Lévesque Ouest
Montréal (Québec)
(514) 931-2292

SANTÉ ET MALADIES REFUGES

Répertoire des ressources en toxicomanie au Québec
Gouvernement du Québec, Ministère de la Santé et des Services sociaux du Québec

Annuaire des CLSC du Québec
Fédération des CLSC du Québec
550, rue Sherbrooke, bureau 2060
Montréal (Québec)
H3A 1B9
(514) 842-5141

SEXUALITÉ

Répertoire des professionnel-le-s sexologues 1987-1988
Association des sexologues du Québec
6915, rue Saint-Denis, bureau 300
Montréal (Québec)
H2S 2S3
(514) 270-9289

Répertoire des ressources en sexualité du Grand Montréal
Parrainé par l'Association des sexologues du Québec, Montréal, 1987
Auteurs: Patrick Forcier, Paul Pelletier

Vous avez des suggestions, des commentaires, des ajouts?
N'hésitez surtout pas à nous en faire part...

_____

_____

_____

_____

_____

_____

_____

_____

_____

_____

_____

_____

_____

_____

_____

Collectif Hommes et Gars
5648, rue Saint-Urbain
Montréal (Québec)
H2T 2X3

LE RÉPERTOIRE
DE LA
CONDITION MASCULINE

La petite histoire de la condition masculine au Québec aura bientôt dix ans. Dix ans de réflexion, de questionnements, d'actions diverses prometteuses mais trop souvent isolées. C'est d'une volonté de mettre un terme à cet isolement qu'est née l'idée de ce répertoire.

C'est ainsi que depuis deux ans le groupe Hommes et Gars a entrepris une vaste compilation devant mener à la réalisation du premier répertoire de la condition masculine.

Vous y trouverez des informations présentées sous cinq rubriques: Être homme, Paternité/famille, Sexualité, Santé et maladies-refuges, Violence.

Une première partie présente une liste, par régions, des groupes, organismes et personnes-ressources oeuvrant dans le domaine de la condition masculine. On y trouve leurs coordonnées de même qu'un exposé sommaire des services offerts.

La deuxième partie regroupe quelques centaines de références bibliographiques, filmographiques et discographiques regroupées par thème.

Ce répertoire sera un outil de référence pour ceux et celles qui s'intéressent aux divers aspects de la condition masculine et qui remettent en question les rapports entre les sexes.

TABLE DES MATIÈRES

SEXUALITÉ

SANTÉ ET MALADIES-REFUGES

VIOLENCE

Achevé d'imprimer
en novembre 1988 sur les presses
des Ateliers Graphiques Marc Veilleux Inc.
Cap-Saint-Ignace, Qué.